JN085188

著 億トレーダー 高沢健太

1億円稼ぐ
空売りの
極意

KKベストセラーズ

まえがき

※この「まえがき」には、本書を読み進めるための注意点が書かれていますので、必ず最後までお読み下さい。

今、この原稿を執筆しているのは２０２０年６月27日時点で、皆さんもご存知の通り、コロナウイルスの影響によって、２月最終週以降、株式市場は歴史的な下降相場・上昇相場の乱高下を繰り返しています。

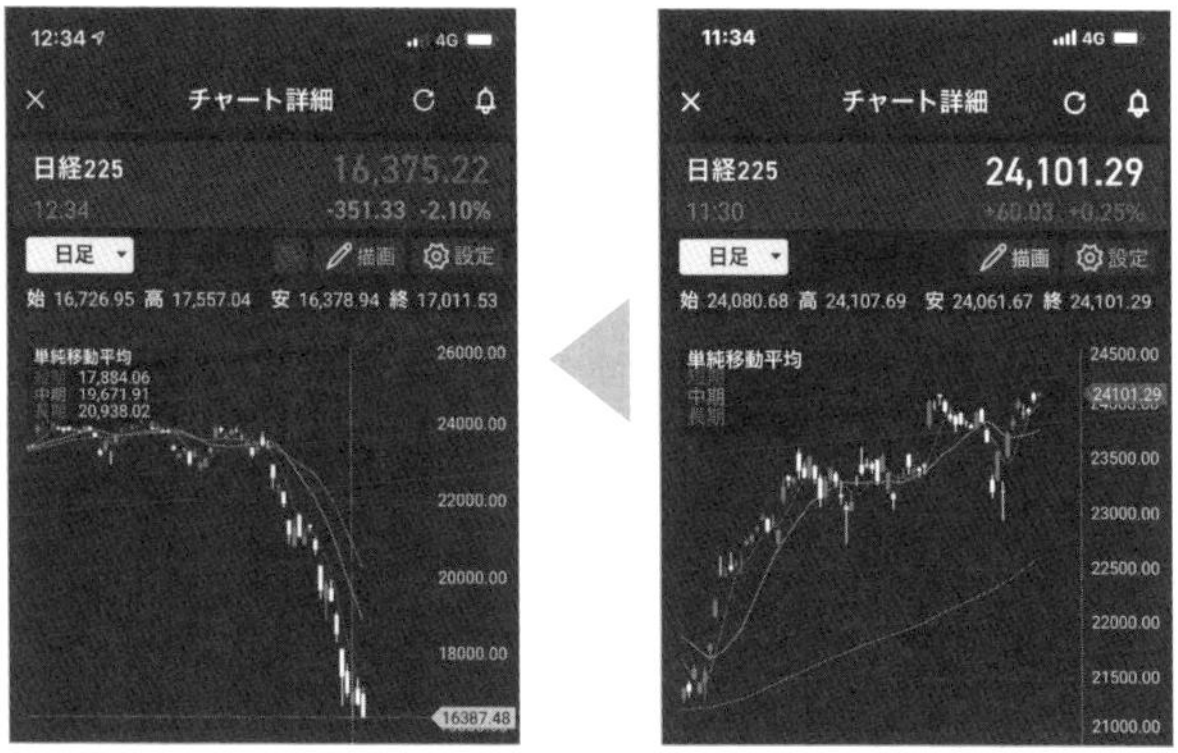

SNSなどを見ていると、この相場で損失や退場を経験した投資家も多いようですし、見通しの悪い状況が続いています。

ただ、個人的には2月終盤以降から、ある程度こうした相場状況になると想定しており、実際にそのように動いた場合に備えて、準備を行っていたことで、下げ相場で利益を取ることができています。

株式投資において、下げ相場だからといって利益が取れない訳ではありません。下げ相場の中でも上昇傾向が高い銘柄に投資したり、今回の本の趣旨でもある「空売り」という制度を利用して、下がる銘柄に投資することで利益を得ることが可能なのです。

「なぜ、株価が下がっているのに、含み益になるのだろう？」と疑問に思った方もいるかと思いますが、これは、私が先日から監視していた銘柄を取引ルールにもとづいて、先ほど「空売り」したからです。

この「空売りで利益を出す」という一連の流れは、投資初心者の方には違和感を感じるかもしれませんが、株式投資には、「上がる」を予想する手法以外にも、「下げる」を予想する手法が存在すると理解してもらえれば十分です。

2018年から私が主催しているミリオネア投資家クラブ（以下、クラブ）では、大幅下落前に警笛を鳴らしていたことにより、マイナス取引になった生徒さんよりも、圧倒的にプラス利益を記録した生徒さんが多いかったことも印象的です。

上げ相場では上昇を予想することで利益を獲得し、下げ相場では下落を予想することで利益を獲得する。相場の上下の動きをうまく掴んだトレードができるようになれば、どんな相場でも関係なく私の生徒さんと同じような結果を出すことができるのです。

空売りを実践すると、どのような結果を得ることができるのか？

私の生徒さんが、この２０２０年２月からのコロナウイルスによる暴落のタイミングで大きな利益をあげてるので、左に掲載した実績を見てください。

いかがだったでしょうか？

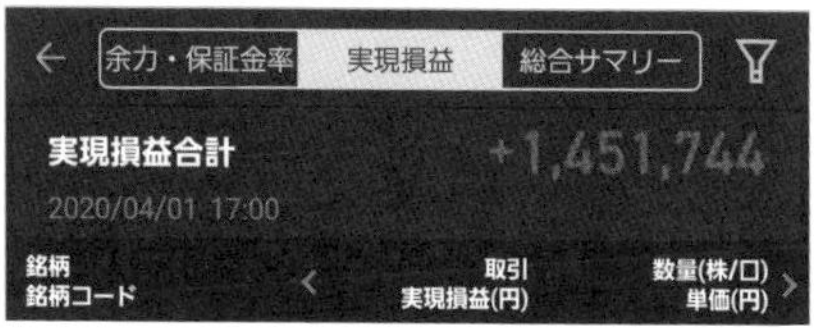

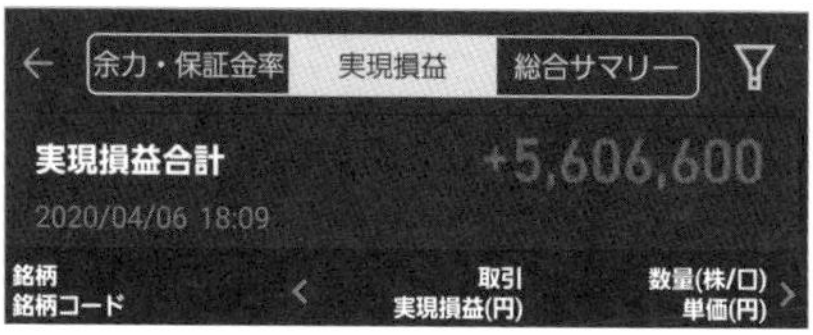

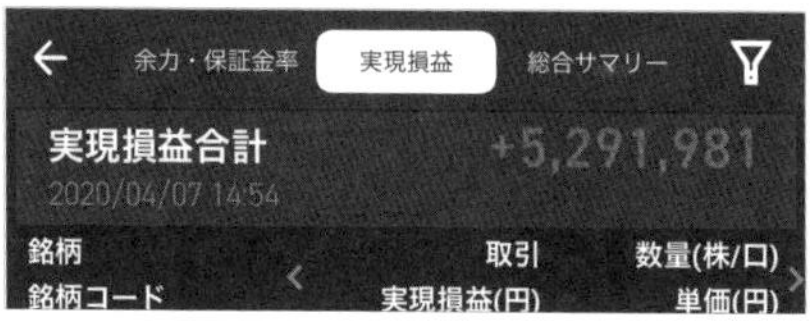

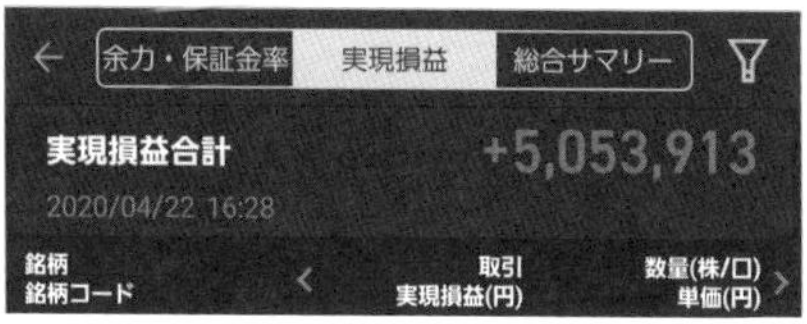

「空売り」を習得することで、相場が下落トレンドであっても、しっかり利益をあげることができるとご理解頂けたかと思います。

これらの成果を出すために必要になるものがあります。

それが、トレードの際に利用する「パラメーター＝チャート設定」です。この「パラメーター」こそが、上記のような成果を出す高沢式を再現するための「キモ」となります。私が使用しているオリジナルのパラメーターを使ってチャートを見ることで、他のトレーダーよりも一歩先にエントリーポイントを見つけることができるのです。

つまり、市場心理を先読みするためのパラメーター設定ができるようになれば、市場の投資家がエントリーする前に、先回りしてポジションを持ちつつ、利益を着実に積み上げていく。そんな理想的なトレードが可能になります。

だからこそ、「高沢式パラメーター」がこの高沢式トレードを実践するために必ず必要になってくるのです。そのためにまずは、本書を読み進める前に、次のページのＱＲコードから「高沢式パラメーター設定値」を確認してみてください。

ＱＲコードを読み取ると、ＬＩＮＥが立ち上がるので、友達登録をすると「高沢流パラメーター設定」がわかります。本書を読み進めるにあたっても必要な設定になります。

▲こちらのQRコードをお手持ちのスマートフォンで読み取ってください

▲表示されたページの「追加」を押してください。

パラメーターの設定方法については、本書の「本書を読み進める前準備について」で細かく解説しているので、そちらを確認していただくとして、問題の「パ

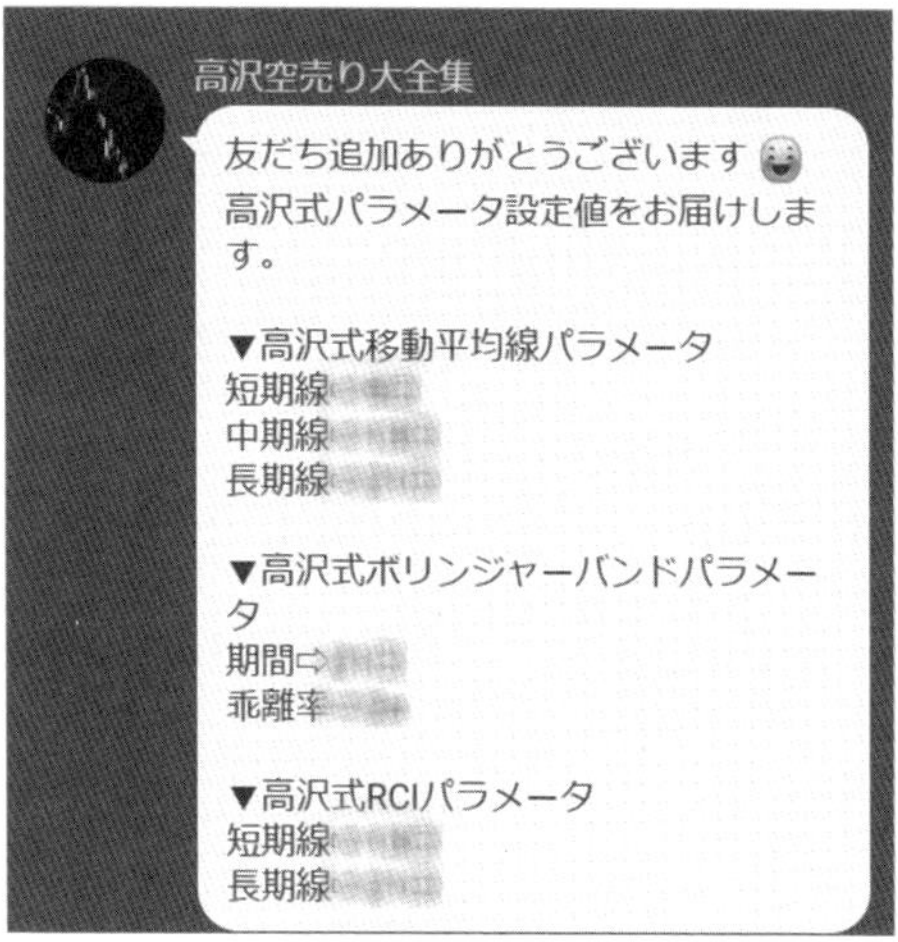

▲ラインに登録いただくとこのようにパラメーターが返ってきます

ラメーターの設定値」については本書内に記載していません。というのも、市況により推奨する設定値が変わることがり、仮に本書で最適なパラメーター設定値を記載したとしても、それは私が本書を執筆した時点で「最適」と判断できるもので、1年後、2年後に同じ設定でトレードを行っている保証はないため、できるだけ読者の方に「機能する設定値」を使っていただきたいのです。そのためにも、まずは、今現在、推奨されている「パラメーター値」

を確認して、トレードに役立ててもらいたいのです。

そのパラメーター値を使った実際のトレード手法についての解説は、「4章【実践】高沢式空売り 解説編」「5章【実践】高沢式空売り 例題集」で細かく解説しています。すでに空売りについて熟知していて、高沢のトレード手法に興味をお持ちの方は、パラメーター設定値を確認・設定後、トレード手法を見ていただいても構いません。

上記パラメーターの設定方法は、本書でも紹介していますが、具体的な活用方法について動画でお届けしています。本だけでは活字と画像だけで、どうしても理解が浅い部分があると思うのですが、本書で書ききれなかった内容を、パラメーター設定値を受け取ってくれた方限定で「動画でのチャート解説」など細かい部分を公開しています。

是非、動画解説を見て、より高沢式トレードへの理解を深めていただければと思います。動画を見ることで、間違いなく、あなたの利益につなげることができるようになります。

目次

本書を読み進める前準備について

第1章 なぜ空売りが必要なのか？

第2章 そもそも空売りってどんな取引？

第3章 空売りを行う前に知っておきたいこと

第4章 【実践】高沢式空売り解説編

第5章

【実践】高沢式空売り例題集

本書を読み進める前準備について

1
楽天証券を開設しよう

本書を読み進める前に、皆さんに確認していただきたいことがあります。それは

・楽天証券の口座開設
・iSPEEDの設定
・「高沢式」パラメーターの設定方法

の3つです。

まずは総合口座を開設しよう

本編では、私が普段行っている空売りの実践的な方法を解説していきますが、本書を手に取る皆さんの中には「これから株を始めてみよう」と考えている人も多いかと思います。そうした方はまず、株取引を行うために、証券会社に申し込みを行い「証券口座」を作るところから始める必要があるので、そのやり方を、私がメインで使っている楽天証券を例にして解説していきます。

空売りができる状態にするには、「総合口座」と「信用口座」という2つの口座が必要です。総合口座は現物株の取引を行う口座、信用口座は空売りを含む信用取引を行う口座のことで（※　2つの取引の違いは第2章で詳しく解説していきます）、証券会社の制度上、総合口座を開いてから、信用口座の開設を申し込むことではじめて空売りができるようになるのです。

まずは総合口座の開設です。総合口座は楽天証券の「総合口座の申し込みページ（※）」から行うことができます。楽天の会員でない場合は「楽天会員ではない方」をクリックし、次に表示される必要項目を記入していきます。迷いやすいのは「納税方法の選択」の項ですが、これは「おすすめ」にもあるように「特定口座開設・源泉徴収あり」を選択すればよいでしょう。

下に進むと、「ＮＩＳＡ口座」「楽天銀行口座」「個人型確定拠出年金（ｉＤｅＣｏ）」「楽天ＦＸ口座」の開設の案内が

▲「総合口座の申し込みページ」。楽天会員でない方は下をクリック

※ https://account.rakuten-sec.co.jp/ApplicationTop/applicationInit.do?accInputRoute=0&bannerName=&inputStartDate=&key1=&key2=&key3=

ありますが、これらは本書の目的とは異なるので、基本的には申し込まなくてもよいでしょう。

▲名前・住所等の必要項目を記入していきます

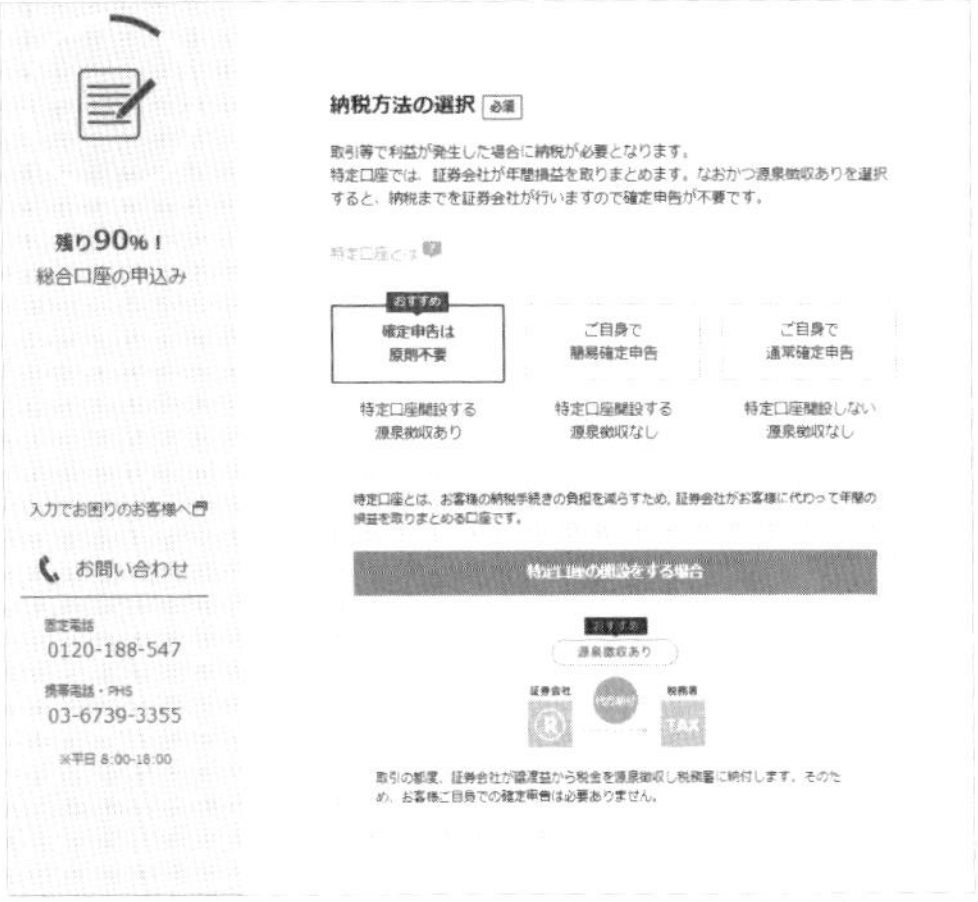

▲「納税方法の選択」。おすすめの「特定口座・源泉徴収あり」で問題ありません

重要なのはその下の「信用取引口座の申込」の項目で、ここを「申し込む」にして

▶NISAやFX口座の開設は飛ばしても構いません

▶ここで「信用取引口座の申込」を選択しておくと、後の手続きが少しスムーズになります

おくと、総合口座開設後、信用口座の開設時の手続きがスムーズになります。

必要事項を記入した後は、免許証等の本人確認書類をパソコンもしくはスマートフォンから提出すれば、総合口座の開設手続きは終了です。

書類等に不備がなければ、後日、楽天証券からお知らせが郵送で届くので、そちらに掲載されているログイン情報をもとに、楽天証券の総合口座にログインしてください。ここで初期設

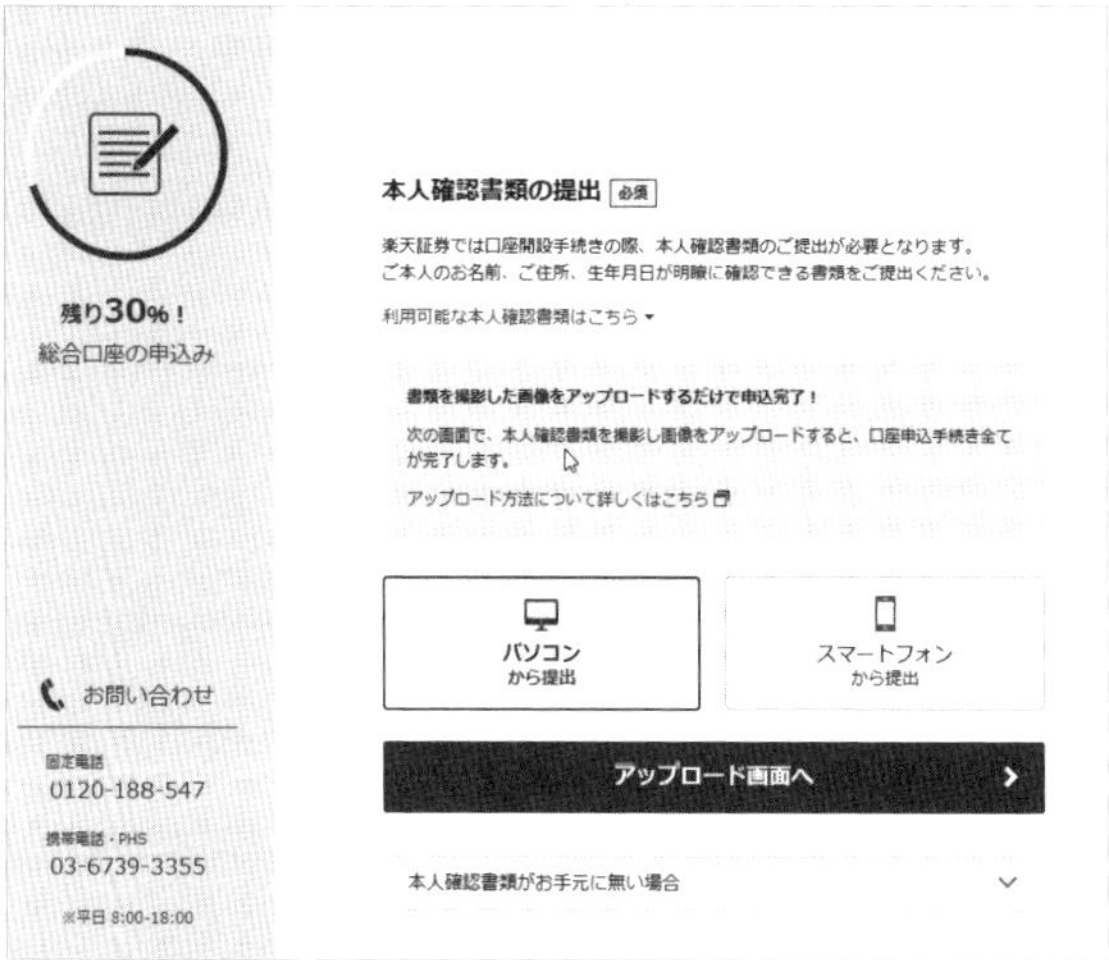

▲本人確認書類は手元にデータがあれば、スマートフォン、もしくはパソコンで手軽に提出することができます

定とマイナンバーの登録すれば、総合口座の開設が完了し、現物取引ができるようになります。

信用口座開設には審査が必要

ここまで進めたら次は信用口座の申し込みを行いましょう。

まず、楽天証券の「信用取引口座開設　申し込み画面」に進んでください。こちらのページに飛ぶと、ログイン画面が表示されます。ここで先程総合口座を作った際に郵送されてきたＩＤとパスワードを入力すると、信用口座の申し込み画面にログインできるようになります。

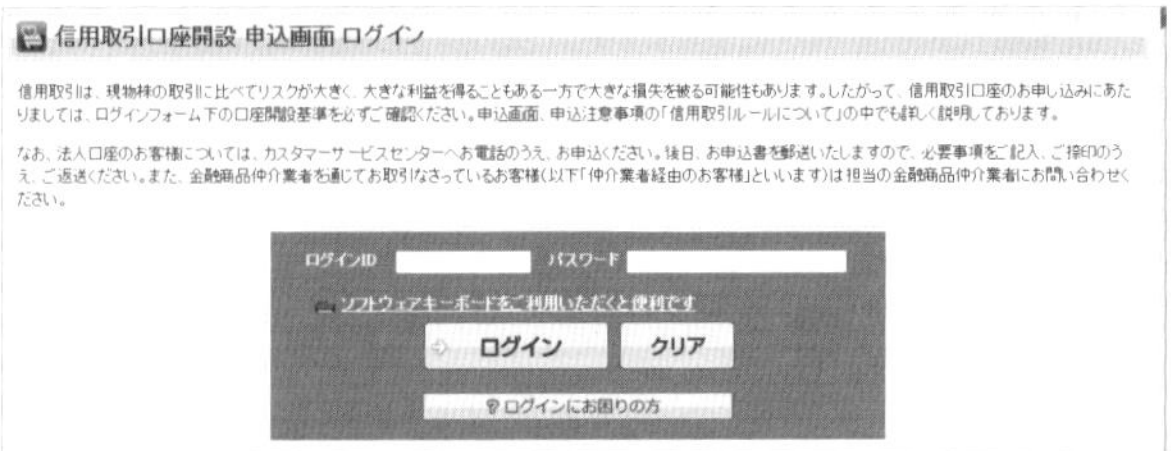

▲総合口座の開設が済んだら、送られてくるIDとパスワードを使って信用取引口座の申込を行いましょう

ログイン後は

・信用取引口座申し込み／個人情報利用目的の同意
・申し込み必須事項を入力
・信用取引に関する問診
・入力内容確認
・申込受付完了

という手順で進めます。

ここまで終わったら、インターネット上で審査があり、楽天証券の場合は

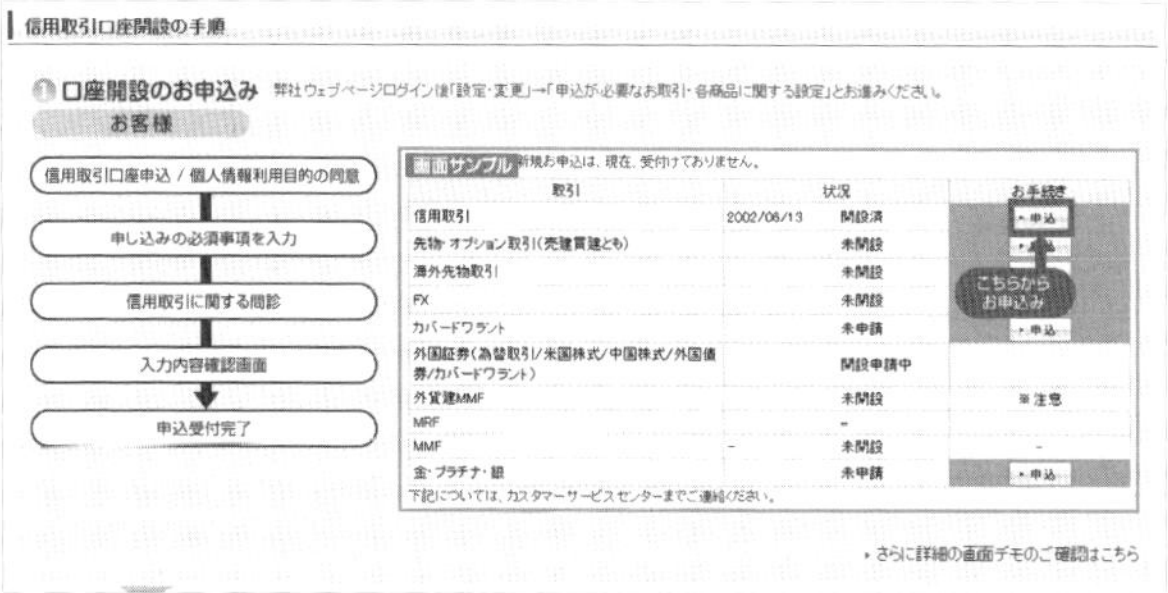

▲信用口座は開設時に審査があることに注意

・信用取引経験または株式投資経験があること
・信用取引を行う時点で保証金評価額として総合口座に時価30万円以上の預り金があること。また、信用取引の損失リスクを考慮し、預け入れている現金・有価証券を含めて概ね１００万円以上の金融資産を保有していること
・代用有価証券の包括再担保契約を締結すること、など

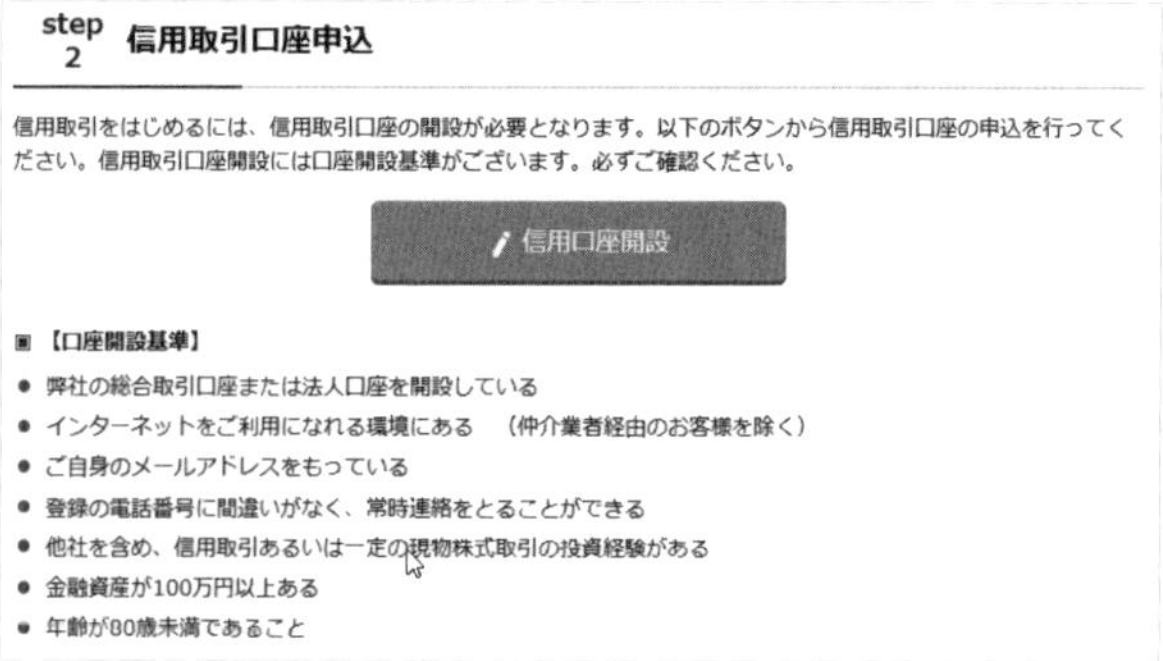
step 2 信用取引口座申込
信用取引をはじめるには、信用取引口座の開設が必要となります。以下のボタンから信用取引口座の申込を行ってください。信用取引口座開設には口座開設基準がございます。必ずご確認ください。
信用口座開設
【口座開設基準】
弊社の総合取引口座または法人口座を開設している
インターネットをご利用になれる環境にある　（仲介業者経由のお客様を除く）
ご自身のメールアドレスをもっている
登録の電話番号に間違いがなく、常時連絡をとることができる
他社を含め、信用取引あるいは一定の現物株式取引の投資経験がある
金融資産が100万円以上ある
年齢が80歳未満であること
▲信用口座は開設時に審査があることに注意

こういった点が大きな審査基準になるようです。

また、非常に基本的なことですが、申し込みの際に記入する電話番号やメールアドレスはしっかりと確認して、間違いのないようにしてください。

信用取引の特性上、証券会社が顧客と手早く連絡を取る必要があるので、連絡先が書かれていなかったり、虚偽であったりすると、前述の基準を満たしていても審査に落ちる場合があるので注意が必要です。

審査が完了すると、楽天証券から信用口座の開設のお知らせがメールで届くので、届いた当日から晴れて空売りを含む信用取引ができるようになります。

2 iSPEEDの設定

さて、口座が開設できたら次はトレード環境のセッティングです。

高沢式トレードではスマートフォン向けトレーディングアプリである「iSPEED」を使ってテクニカル分析をしていくので、ここではそのための最低限の設定を行います。

まずは、アンドロイドの方はGoogle Play、iPhoneの方はApp Storeで「iSPEED」を検索し、アプリをダウンロードしてください。どちらの端末でも、アプリの使い方は同じです。

ダウンロード後、起動すると、初回時には上の画像のようにログインIDとパスワードを入力する画面が表示されるので、あなた持っている楽天証券のIDとパスワードを入力してください。

ログインすると次の画像のように「My Page」が表示されます。色々と情報があって目移りしてしまいますが、ここでの目的はテクニカル分析ができるように、個別銘柄のチャートを表示することなので、一番下の「検索」ボタンを押してください。

▲表示されたチャート画面を、さらにもう一度タッチします

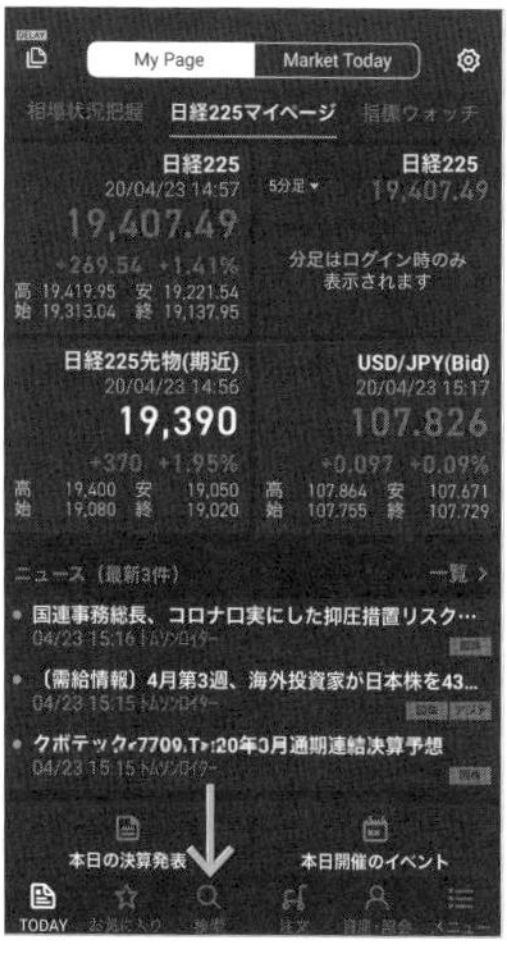

▲My Pageに移動したら下の「検索」ボタンをクリック

すると次のような画面に切り替わるので、一番上の欄に好きな銘柄名、もしくは銘柄コードを入れてみましょう（ここでは、日本たばこ産業：2914を入力しています）。すると、個別銘柄の情報とチャートが表示される画面（「サマリー」）に飛ぶことができます。

ここからさらに、チャートの設定に進みます。先ほどのサマリーの画面で、チャートの部分にタッチすると、次のように、4つの時間軸で分割した

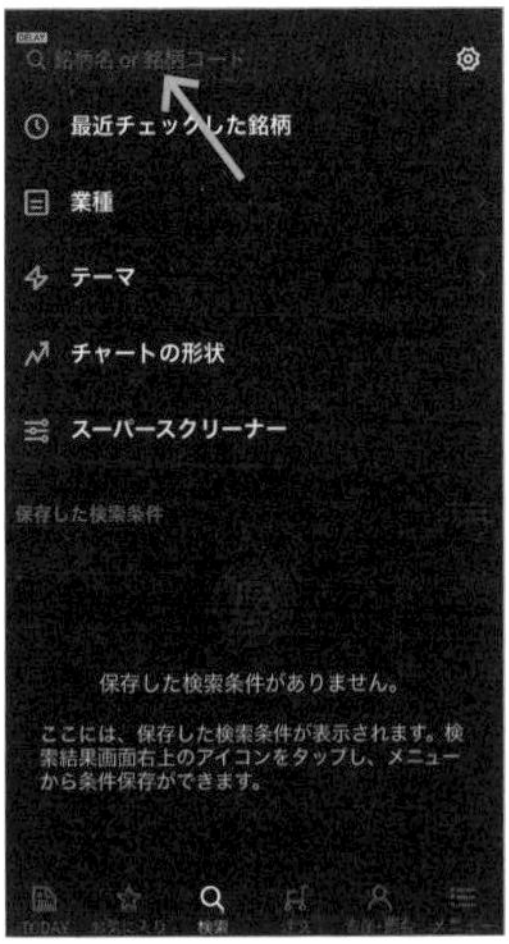

▲一番上の枠に自分の探したい銘柄名を入力

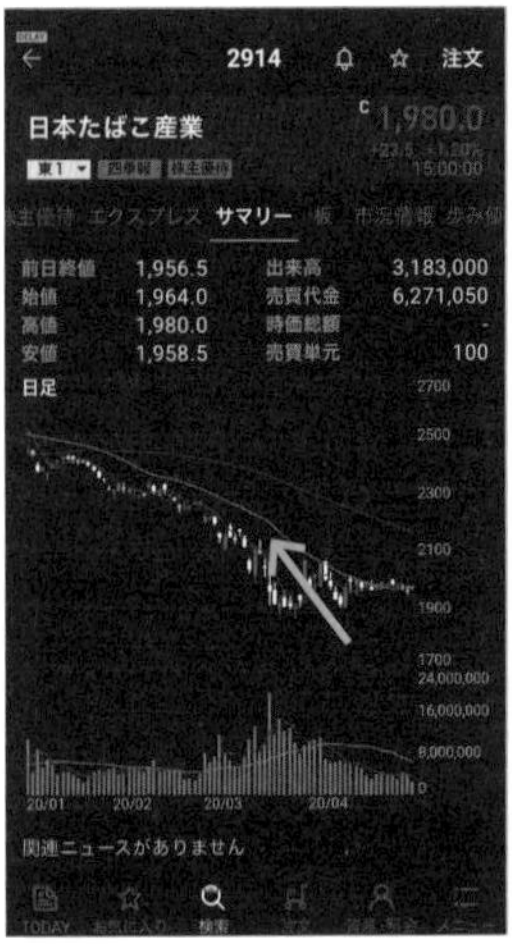

▲表示されたチャート画面を、さらにもう一度タッチします

チャートが表示されます。

ここからテクニカル分析を行いたい時間軸をタッチ（ここでは「日足」のチャート）すると、画像のように日足のチャートが一画面で表示されるようになります。

ここまでくれば、高沢式で使っているパラメーターの設定に変更できるようになるので、まずはこの画面を表示できるように進めてください。

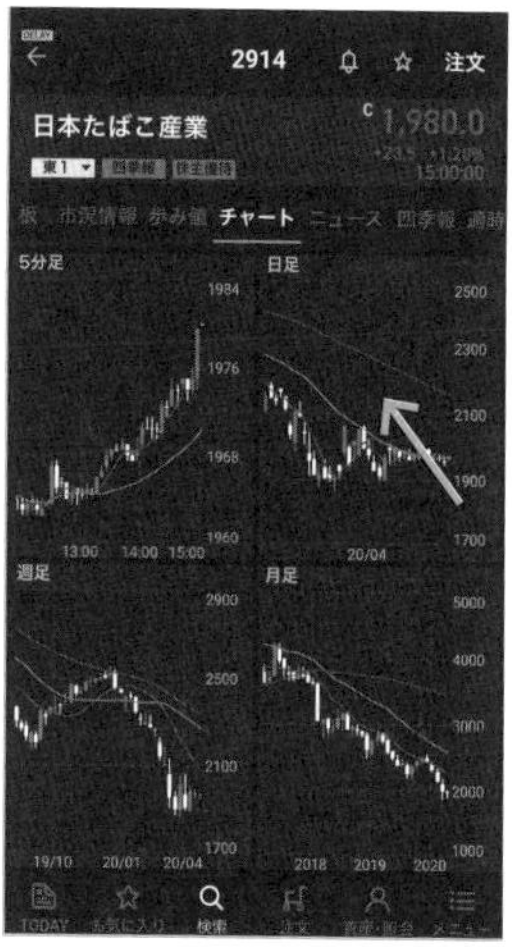

▲4つの時間軸のうち、分析をしたい時間軸をさらにタッチ

▲ここまで移動できたらiSPEEDの設定は完了です

3

「高沢式パラメーター」の設定方法

詳しいテクニカル分析の方法は、本書の4章以降で詳しく説明しますが、高沢式トレードでは「移動平均線」「ボリンジャーバンド」「RCI」の3つのテクニカル指標を使用します。「まえがき」でも説明しましたが、これらのテクニカル指標を使う際に、それぞれのパラメーターを相場に合わせることができるか否かが、投資成績にダイレクトに影響してきます。

次の画像は先ほどのページの右上にある「設定」ボタンから、それぞれのテクニカル指標のパラメーターを設定できる画面を表示しています。はじめてiSPEEDにログインする場合は楽天証券がデフォルトで設定した値になっていますが、これを高沢式のパラメーターを設定していただきたいのです。最新のパラメーターは「まえがき」で紹介したQRコードから確認してみてください。

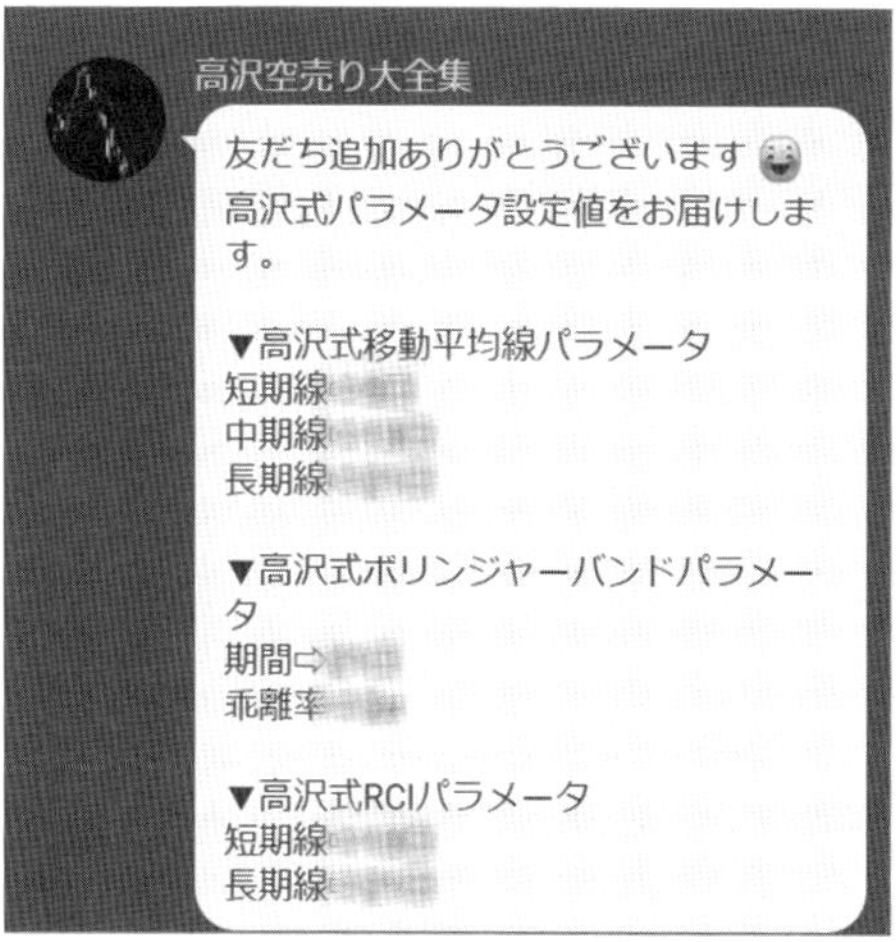

▲ラインに登録いただくとこのようにパラメーターが返ってきます

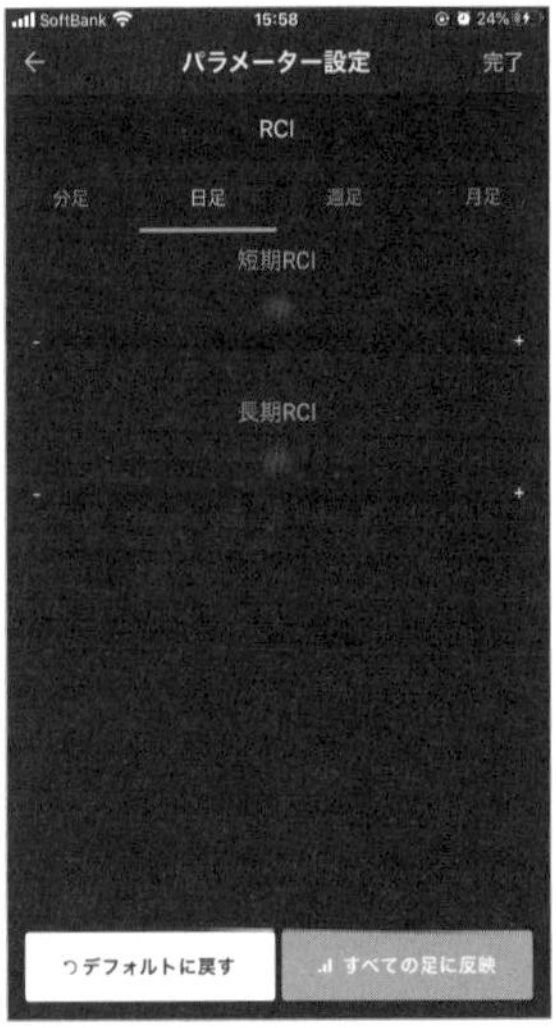

▲LINE登録でパラメーターが返ってきたら、各テクニカル指標の設定画面で変更を行いましょう

第1章

なぜ空売りが必要なのか？

空売りができると「相場への対応力」が各段に上がります。難しそうなイメージがあると思いますが、この機会に空売りを使いこなして投資のステップアップを目指しましょう！

1 空売りができればチャンスが増える

さて、早速、皆さんにお聞きしたいのが、空売りというのはそもそもどんな取引だと思いますか？

「ちゃんとした仕組みはわからない」

「持ってないけど売るってどういうこと？」

「株に詳しい人がやるもの」

「リスクが高そう」

これまでクラブで生徒さんに教えてきた経験から、おおよそこのようなイメージがあるのではないかと想像できます。

詳しい仕組み自体は2章から解説しますが、まず、はじめに皆さんに知ってもらいたいのは、**空売りというのは究極の話、「株価が下がったら利益が出る取引」という一言に尽きる**という点です。

空売りが信用取引の一部であり、取引することによって金利が発生したりと、現物取引との細かな違いは色々とあるのですが、フラットに考えれば**「価格が上がって利益を得られる取引の反対が空売り」**ということなのです。

「空売り」という名称から、専門的な取引を連想しがちですが、空売りでやることは、単に皆さんが「この株が上がりそう」と思って現物の株を買っている行動の反対を考えればいいので、**「この株下がりそう」と思うのであれば空売りをすればいい、**というだけなのです。

この「フラットに考える」という部分がとても重要で、というのも、皆さんも経験があるかもしれませんが、世の中に出回っている投資の入門書などでは基本的に「株は上がるもの」として書かれているケースが多く、世の中にはそうした考え方を前提に「買って利益を出すための、手法や情報の調べ方」といった情報があふれています。

そのため、どうしても空売りについて情報が不足してしまいますし、やたらと先人の失敗談などが強調され、皆さんが「危ない」とか「利益を出すのが難しそう」というイメージを持ってしまうのは、ある意味、仕方のないことだと思います。

ただ、冷静に考えてみると、株価というのは例えば1000円から1万円まで急上昇した銘柄でも、チャートを見ると必ずどこかで一旦下げながら、徐々に高値を更新して上昇していきます。**つまり、「どんな値動きをする銘柄でも、チャートは必ず上下している」のです**（次のページのチャート参照）。

「でも、上昇しているなら、下がったところで買えばいいいんじゃないの？」と思う

▲約2年で8000円上昇したこの銘柄も、時折下げるタイミングがある

方もいるかもしれませんし、それは一つの相場への向き合い方として、当然否定するわけではありません。

ただ、気を付けなければならないのは**「すべての会社の株価が常に上昇しているわけではない」**という点です。次の画像は2016年～2020年1月までの日本たばこ産業（2914）の週足チャートで、見てわかるように約3年間、時折上昇はありつつも一貫して下降トレンドにあります。

この銘柄は非常に配当が高いこ

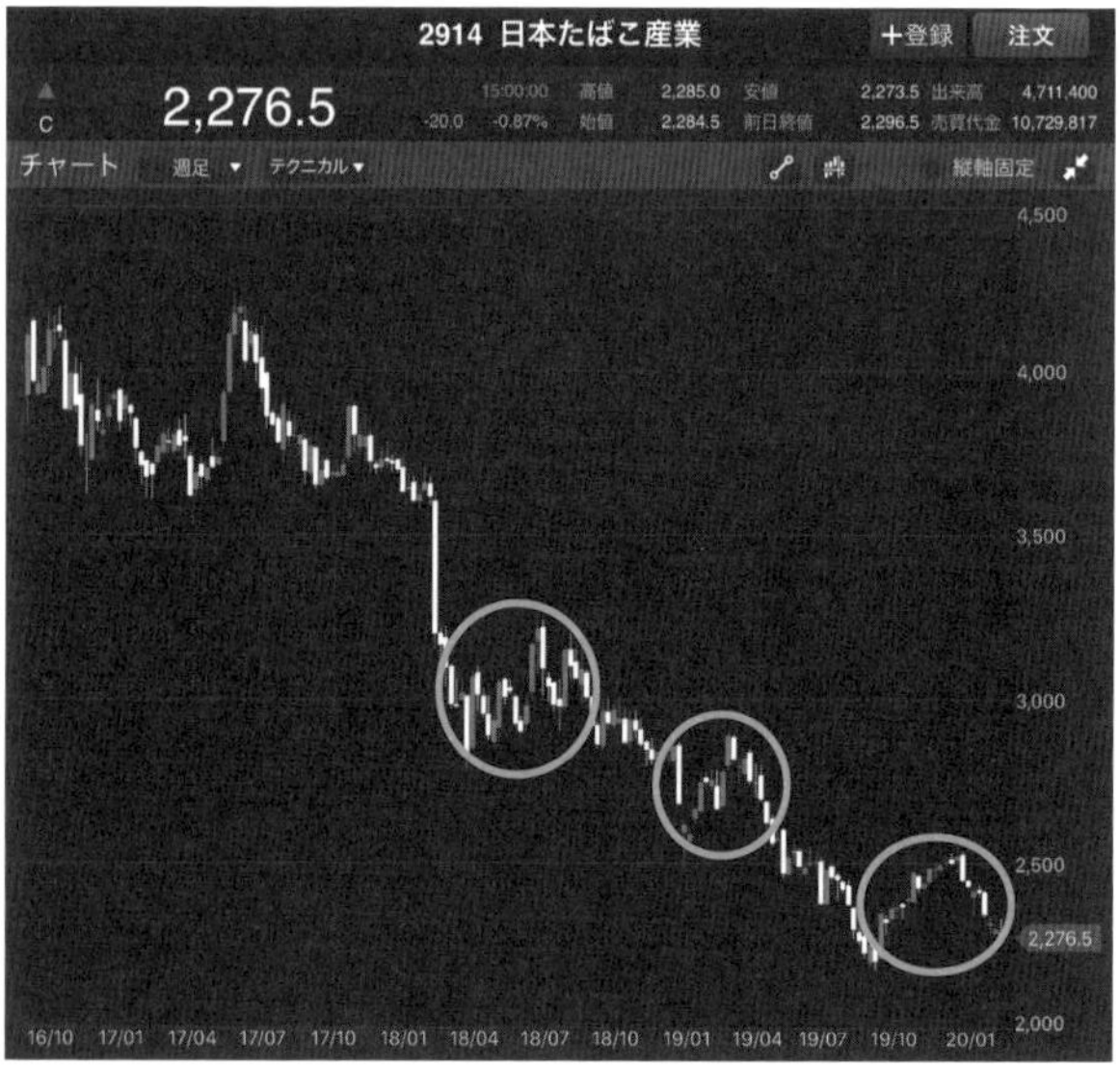

▲下降トレンドに買い向かう場合、チャンスは限られている

とで有名で、2020年2月現在、一株当たり154円の配当があるため、100株買って保有しておくだけで年間15400円がもらえます。日本たばこ産業は人気の銘柄ですし、そうした要因が買われる理由にもなるので、株価が安くなればなるほど「安い」と感じる投資家も多くなってきます。

ただ、問題は教科書通り「下がったら買う」を地でいくと、チャートを見てもわかるように、利益を得られるのはたった数回あるチャンスにピンポイントで入れた時だけです。

もちろん、将来の株価を予知できるわけではないので、今後4000円台に戻す可能性も当然ありますし、ここで買いで入ることを否定するわけではありません。ただ、**「このような下降トレンドが出ているのであれば、買いだけに固執せず、空売りの目線を加えると、チャンスが増えるよ」**ということが言いたいのです。

つまり、単純に空売りが使えるようになると、売り目線と買い目線の両方でチャートを見ることができるので**「株価が下がっている時でも利益が出せる＝取引するチャンスが2倍になる」**というメリットがあります。

私が空売りを使えるようにお勧めしているのもそうした理由からで、チャートは常に上下していて、上昇するだけではないという前提があるのであれば、**買いと売りの両面でフラットに見て、その流れに沿ってトレードするというのが、私の株投資に対するスタンスでもあります。**

2 相場には「サイクル」がある

また、先ほどの話を発展させると、**空売りが使えるようになることで「相場の対応力」が格段に上がります。**

というのも、より広く「株式相場全体」について考えたとき、例えば2020年初はコロナウイルス関連が顕著ですが、そうした影響で日経平均が上下すると500円の値幅が動いただけで一喜一憂しますし、2020年を除くと、直近の2〜3年で最も上下の幅が大きかった2018年の年末でも4000円程度の値幅でしたが、当時は大騒ぎでした（次ページの図1参照）。

ただ、図2は、2000年から2020年までの20年間の日経平均月足チャートなのですが、価格の変化とその期間で起こっていた主なイベントで大きく分けてみると、

①2000年〜2004年のドットコムバブル崩壊
②2005年〜2007年の資源バブルによる上昇
③2008年〜2009年のリーマンショックによる下降
④2009年〜2012年までの民主党政権時代の停滞期
⑤2012年〜2015年7月までのアベノミクス最盛期の上昇
⑥2015年8月〜2016年10月までの下降
⑦2016年11月〜米国大統領選挙以降の上昇からバブル以降最高値更新

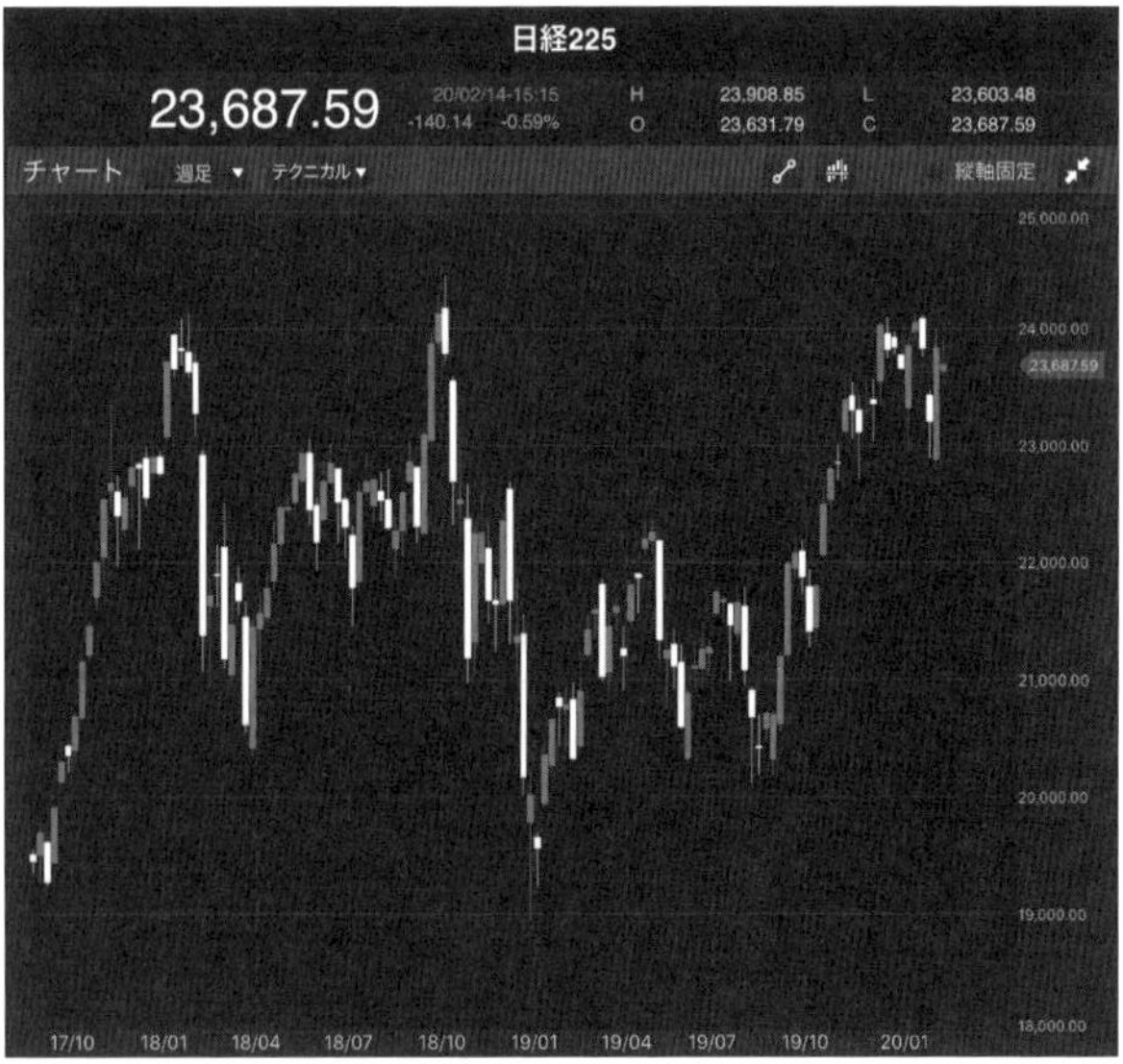

▲図1　直近3年の日経平均の動き

６つの期間に分けることができます（それぞれの詳細については説明を省きますが、気になる人は調べてみてください）。

こうして見ると、特に①、②、③、⑤、⑥の期間は上下問わず考えるとそれぞれ約１万円近く一方向に動いていることがわかりますし、特に２０００年からの10年間は「○○バブル」が先にあって、その上昇を全戻しする形で下落が起こる、というサイクルがある程度できていたと考えることができ

▲図2　2000年からの日経平均の推移

ます。

つまり、人間でいうところの「深呼吸」のように、深く息を吸った分、深く息を吐くの繰り返しで相場が動いてきました。

２０１２年以降、日本では金融緩和を積極的に政策に打ち出した安倍政権が誕生したことで「アベノミクス相場」が始まり、１００００円付近で停滞していた株価が、バブル以降最高値である２４０００円の高値をつけるまで上昇しました。

こうした上昇の背景には米国の経済成長や、世界的な金融緩和といった様々な要因があるのですが、そうした難しい話は抜きにして、2020年に入る前は「上昇の幅に対して下げの幅が少ない」ことがわかります。

これは2010年頃までの相場が「深い呼吸」だとすると、**それ以降の相場は「浅い呼吸」だと言えますし、相場にサイクルがあるのであれば、すぐにとは言えませんが、近い将来に「深い呼吸（＝大きな下げ）」が来るのではないかと考えています。**

空売りができると「相場の対応力」が上がる

仮にそうなった場合、日経平均のように、市場全体の株価を表す指標が下がれば、当然個別株も影響を受けることになりますし、いわゆる「下げ相場」が訪れることになります。現在の株式相場で積極的にトレードしている方などはアベノミクス相場以降に始めた人が多いでしょうし、ここ2～3年、若干株価が停滞していましたが、それでも俯瞰的に見れば「上げ相場」だったことに変わりはありません。

上げ相場では当然、買いで入る方が利益を得られる可能性が高くなりますが、今後、下げ相場に移り変わると仮定すると、これまで利益を得られた手法が全く通じない可能性があります。**一方で、相場全体が下向きということは、空売りで利益を得られる可能性が高くなりますし、その意味で空売りの重要性は現在の相場よりも何倍も上がります。**

「空売りで相場の対応力を上げる」というのはまさにこのことで、本格的に下げ相場が訪れる前に、仕組みや適切な使い方を学んでおくことが、そのまま、あなたの株投資における収益を向上させることにつながるのです。

3 本書で学べること

ルール通りにトレードができるまで「繰り返し読み込む」

少なくとも、ここまでの説明で

「空売りは、単に価格が下がれば利益が出る株取引の仕組みの一つ」
「空売りを使いこなせば、変化していく株式相場への対応力が上がる」

この2点は理解していただいたかと思います。

相場への向き合い方は本当に人それぞれなので、単に「空売り」と言っても、何を基準にして取引するのかは色々と方法があります。そのため、「空売りが重要ということはわかったけど、何を基準にしていいのかわからない」という方も多いのではないでしょうか。

株のトレードというのは、究極の話、自分の信頼できるエントリー・利確のルールにしたがって、「その時」が来たら淡々と実行していけば誰でも利益を出せるようになります。

ただ、その状況に到達する前に「あれもこれも」といろいろな手法を試してみたり、「やっぱりテクニカルはわからないや…」とあきらめてしまって、結果、迷走してしまい儲からない人を、これまでたくさん見てきましたし、皆さんにはそうなって欲しくないのです。

本書を読んでいただければ、始めて空売りに挑戦する人でも、そもそもの仕組みを理解するところから、空売り銘柄の探し方、具体的なエントリータイミングまでしっかり学べるようになっています。

まずは、本書を通して、高沢式の空売りルールを身につけてください。いざ実戦に入ると、どうしても判断に迷う部分も出てくるかと思いますが、そんな時は繰り返し本書を読み込んで、ルール通りにトレードができるまで反復してみてください。

第2章

そもそも空売りってどんな取引?

空売りを知るためには、まず信用取引の仕組みを理解するところから始めましょう。理解してしまえば、もう「空売りが怖い」というイメージはなくなります!

1　空売りは信用取引の一部

さて、ここからは本題である「空売り」の仕組みを解説していきたいと思います。

先ほどから「空売り」という単語が度々出てきていますが、**そもそもは「信用取引」という取引方法の中で、株価が下がったら利益の出る取引のことを「空売り」と呼んでいます。**

したがって、空売りを説明する前に、皆さんが普段行なっている**「現物取引」**と、**「信**

用取引」がどのように違うのかを説明した上で、空売りの説明に入って行きたいと思います。

「現物取引」の仕組みを改めて解説

ほとんどの人にとって復習になると思いますが、そもそも現物取引がどんな取引なのかについて考えてみましょう。

現物取引とは株式（株券）を使った取引で、現在では取引記録が全てデータ化されているのため、株を始めたばかりの人にはピンとこないかもしれませんが、一昔前までは実際に株券が書面で発行されていました。それを人や証券会社を介して受け渡しするような、「現物（株券）を使って売買を行う取引」ということで、証券会社の総合口座を作って行う株取引のことを「現物取引」と呼んでいます。

現物取引は2種類の利益がある

①キャピタルゲイン	＝	安い時に買って 高い時に売る
②インカムゲイン	＝	配当・優待

例: 500円で買って
1000円で売ると
差額の500円が利益に

現物取引で得られる利益には

・安い時に買って高い時に売り、その差額が利益になる「キャピタルゲイン」
・配当や優待など、株式を保有していることで会社側からもらえる「インカムゲイン」

の2種類があります。

クラブに参加している方ならご存知かと思いますが、高沢式トレードで狙うのは「キャピタルゲイン」の方なので、差益が出るタイミングをチャート分析によって見つけ出し、積極的にトレードすることで資産の拡大を目指しています。

現物取引の場合、仕組み上、トレードできるのは「買う場合」のみなので、例えば、A社の株価が500円の時に買って、1000円になったら手放す（売り注文を出して決済される）ことで500円分の差額が利益になりますが、株価が400円に下がってから手放すと、100円分の損失となります。

つまり、当たり前ですが、**現物取引は「株価が上がらないと利益が出ない取引」なのです。**この現物取引の特徴を頭に入れた上で、次は信用取引について考えてみましょう。

2 信用取引の仕組み

信用取引の仕組みを一言で表すと**「証券会社から株式や資金を借りて、それを元手に売買を行う取引」**となります。

現物取引との大きな違いはこの「借りる」という点で、現物取引は基本的に株式を買っているので、その会社が上場している限りは保有しておくことができますが、**信用取引は証券会社に株を借りているため、必ず返却する必要があります。**

しかも、返却しなければいけない期間も決められていて、一般的なもので「半年」、

現物取引は2種類の利益がある

	現物取引	信用取引
利益	キャピタルゲイン(差益)とインカムゲイン(配当・優待)の2種類がある	キャピタルゲインのみ
期間	上場している限りは保有できる	一般的なもので半年 証券会社によっては2〜3年

証券会社が独自に提供している銘柄で「2〜3年」となり、ここが上場している限り売却する必要のない現物株との違いです。

また、信用取引ではいくら長い期間保有していたとしても、配当や株主優待などのインカムゲインは受けられないため、**利益を出す方法は、差益によるキャピタルゲインしかありません。**ここが現物取引と信用取引の大きな違いです。

3 買う場合の信用取引の仕組み

信用取引と現物取引のもう一つの違いとしては、

・安い時に買って高くなったら売って利益が出る「信用買い」
・高いときに売って安い時に買い戻すことで利益が出る「信用売り（空売り）」

という2つの種類の取引ができる、という点です。

まずは「信用買い」について、順を追って説明していきます。

信用買いで利益を出すには、例えば、「株価が500円の時に買って1000円に上昇した時に利確（決済）する」というように、現物で差益を狙う取引とほとんど同じです。

ただ、現物取引との違いは「直接株式を買っているか」「証券会社から借りているのか」という点で、ここが少しイメージしづらい人もいると思うので、皆さんもご存知のメルカリで例えてみましょう。

現物取引は、メルカリで売られている、Aという商品を500円で買って、それが1000円に値上がりしたタイミングで売って、差額の500円を手に入れるというイメージです。

ただ、現物取引では、商品Aが将来的に2000円の価値がつくと思うのであれば、1000円の価格がついている時にも売らずに保有しておくことができますし、

現物取引のイメージ

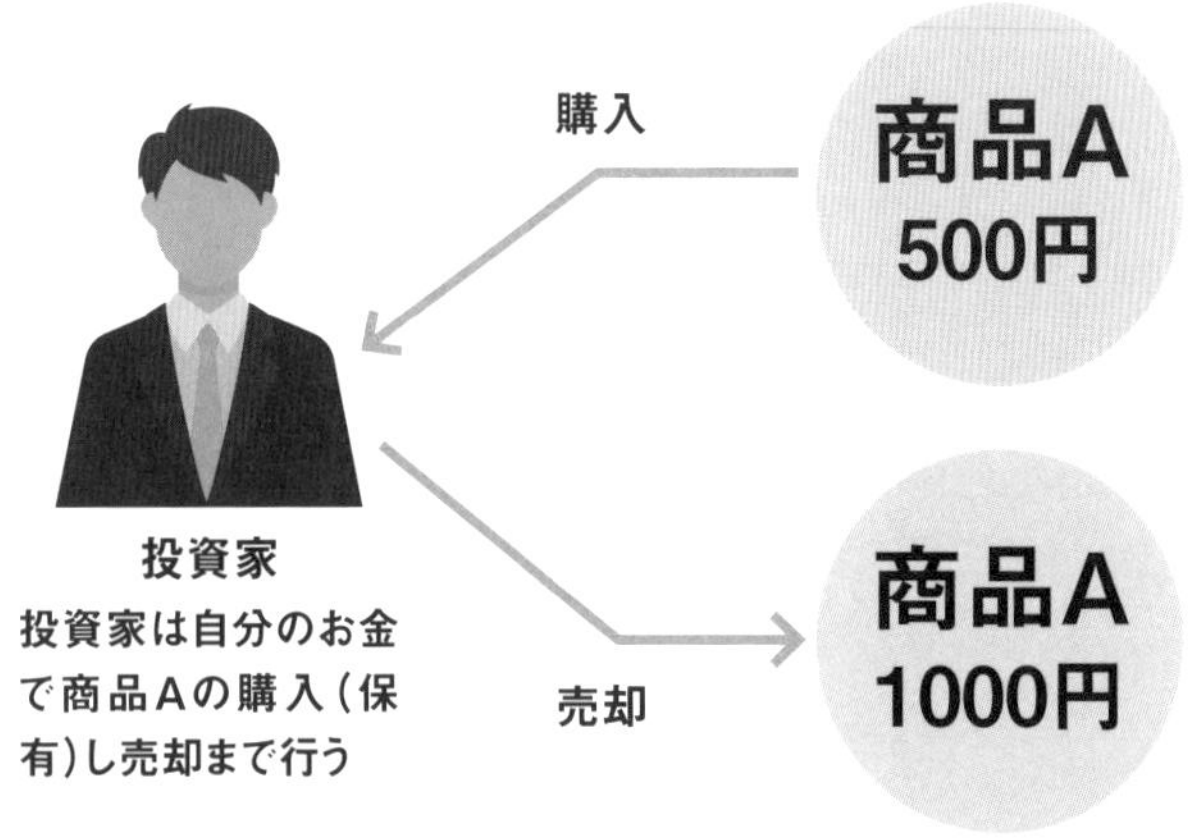

信用取引（買い）のイメージ

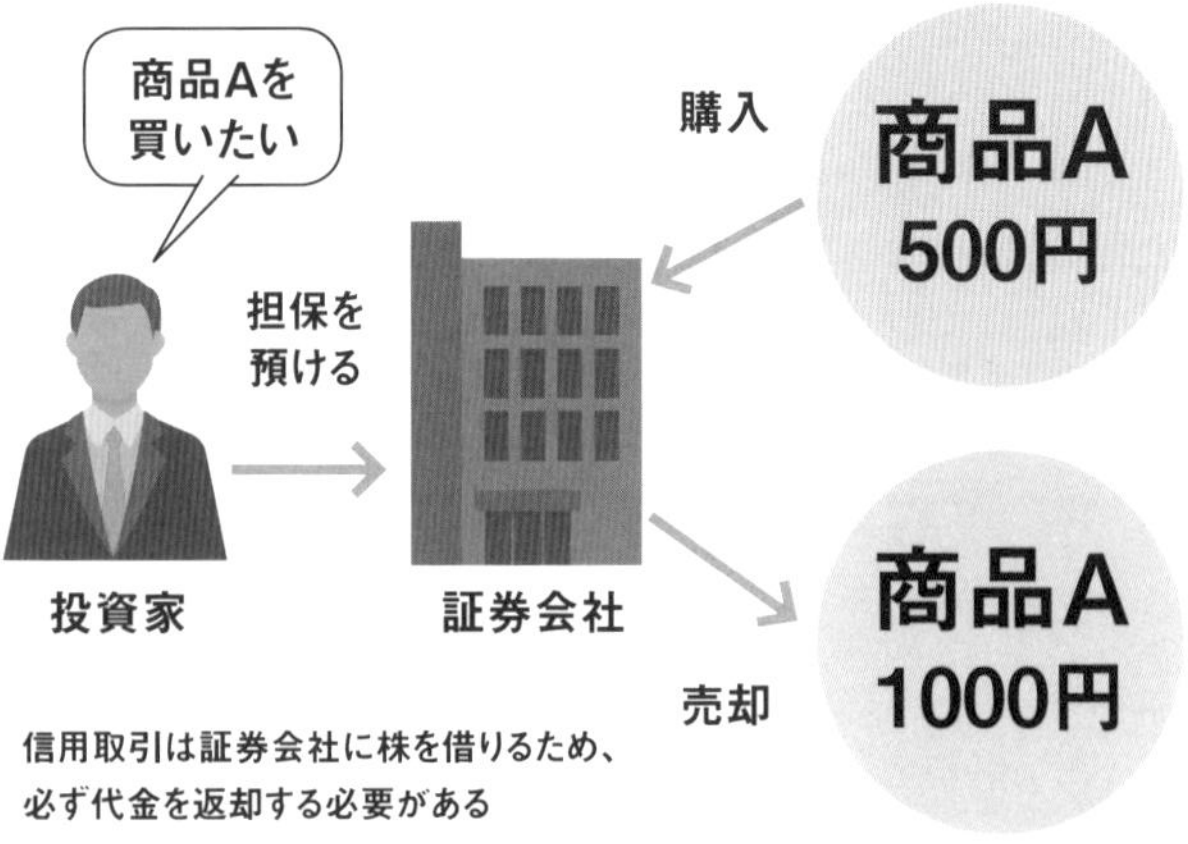

商品によっては保有しておくことで、半年に1度や1年に一度、自動的にポイントがもらえることもあります（＝配当）。

一方、買いの信用取引は、まず、メルカリに現金や、自分の持っている別の商品を担保として預けることで、「決められた期間までに必ず返却する」という約束をして、商品Aを買う代金を借りるという取引です。

そのため、商品Aが1000円に値上がりしたタイミングで売れば、自動的に借りていた代金もメルカリに返却され、買った価格と売った価格の差額である500円が利益になります。

つまり、商品Aを一度買ってはいますが、メルカリに借りたお金で代金を支払っているため、将来的には必ず商品Aを売って、代金を返却する必要があるので、現物取引のように売らずに保有しておく、という選択はできません（※）。ここが信用買いと現物取引の一番の違いです。また、現物株のように配当や優待を受け取ることもできません。

※売りたくない場合は、商品Aを直接買い取る「現引き」をする必要があります。その場合、担保として預け入れたお金と商品Aの差額を支払います。

4 売る場合（空売り）の信用取引の仕組み

ここまで信用買いの説明をしてきましたが、「安い時に株を買って、高くなったら売れば利益が出る」という仕組み自体は現物取引と同じなので、その点では信用買いという取引がどんなものなのかイメージしやすいかと思います。

一方で**信用売り（空売り）は「証券会社から借りた株を、市場で売り、最終的に買い戻した時の差額が利益になる」という取引です。**そもそもの「価格が下がったら利益が出る」という側面だけで見るとシンプルなのですが、仕組み自体が一般的にある取引と異なるため、この点がイメージしづらい原因となっています。

そこで、先程と同じく空売りをメルカリで例えると、まず、あなたは運営会社であるメルカリに「商品Aを売りたい」という注文をします。

そうすると、メルカリは商品Aを保有している出品者に連絡して、500円の価格がついている商品Aを借り、それをあなたへ一時的に又貸しします（「勝手に又貸しする」というのも変な話ですが、ここでは「そういうもの」として理解してください）。

この時、商品Aを借りるには担保が必要です。

借りた商品Aは自動的にメルカリで出品されることになり、**この状態のことを「売り建てしている」と呼びます。**信用取引の特徴として、買いの時と同様に必ず買い戻して返却するのですが、その際に商品Aの市場価格が下落して、100円の価値しかつかなくなったとすると、このタイミングで買い戻せば「500円で借りていた商品を100円で買い戻す＝借りた価格と買い戻した価格で400円の差額が出る」ことになります。メルカリには商品のみ返却すればいいので、その差額があなたの利益となります。これが空売りで利益を出す仕組みです。

実際の空売りに話を戻すと、**要は、手元に株を持っていないのに、証券会社から株を借りて市場で売り、売った価格より安くなったところで買い戻すことで利益が出る取引なので、「空売り」という呼ばれ方をしているのです。**

ここまでで、「現物取引」「買いの信用取引」「売りの信用取引（空売り）」それぞれの大枠での仕組みの違いを説明してきました。ここからはより具体的な制度の違いについて解説していきます。少し細かい部分もありますが、空売りを始めるにあたって重要な要素なので、わからない部分があれば少し戻って何度でも繰り返し読み返してください。

空売りのイメージ

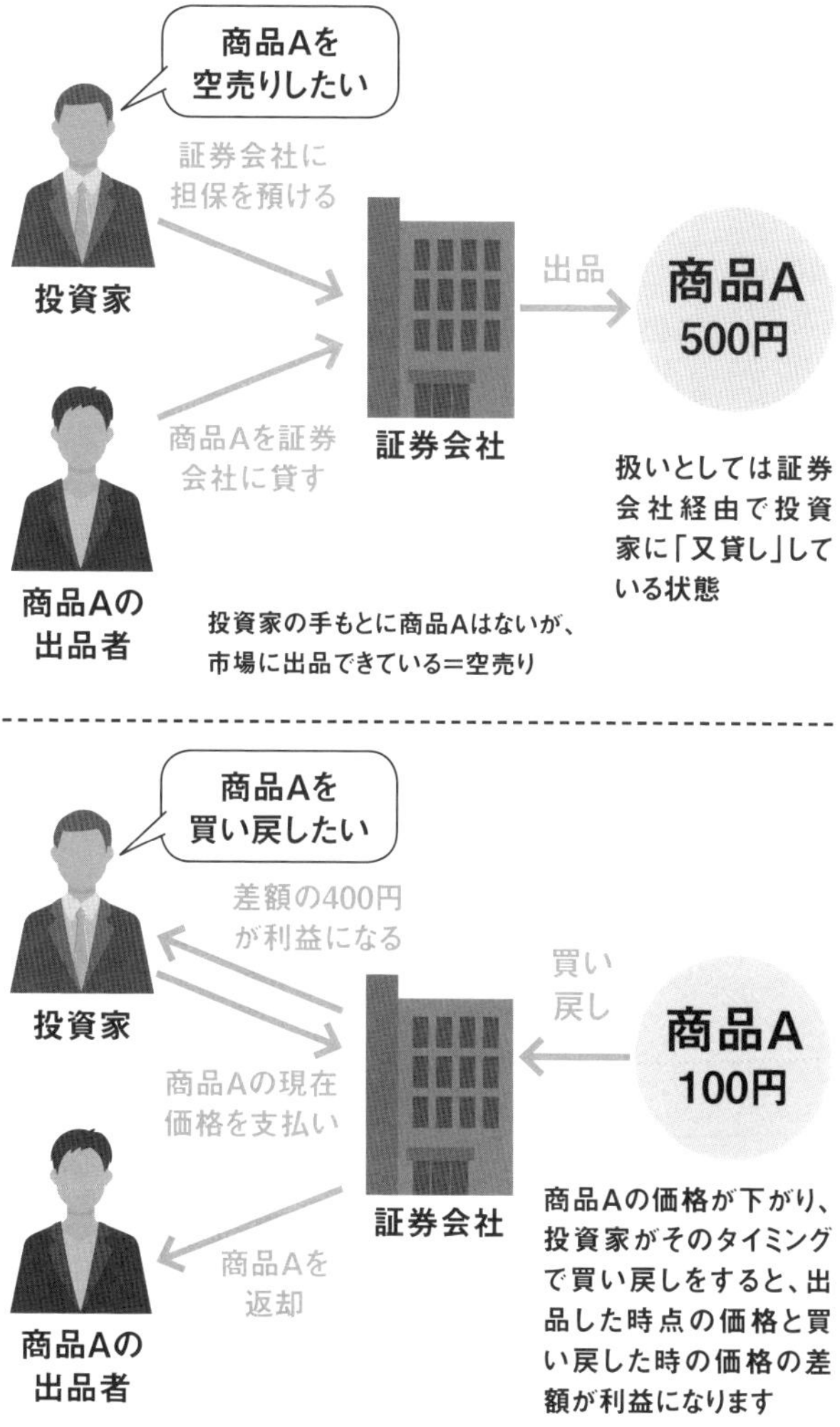
商品Aを空売りしたい
証券会社に担保を預ける
投資家
出品
商品A 500円
商品Aを証券会社に貸す
証券会社
扱いとしては証券会社経由で投資家に「又貸し」している状態
商品Aの出品者
投資家の手もとに商品Aはないが、市場に出品できている＝空売り
商品Aを買い戻したい
差額の400円が利益になる
買い戻し
投資家
商品A 100円
商品Aの現在価格を支払い
証券会社
商品Aの価格が下がり、投資家がそのタイミングで買い戻しをすると、出品した時点の価格と買い戻した時の価格の差額が利益になります
商品Aを返却
商品Aの出品者

5 信用取引には「委託保証金」が必要

先ほど、**「信用買いは証券会社から資金を借りてくる取引」**、**「空売りは株を借りてくる取引」**という説明をしましたが、いずれにしても借りる際に担保《たんぽ》が必要です。

「担保」というと少しわかりづらいかもしれませんが、例えば質屋でお金を借りる時には、あらかじめ担保としてブランドもののバックなど、金額相当の品物を預けておき、返済期日までに借りたお金を返済しない場合は、お金の代わりに担保が没収さ

委託保証金は証券会社に預けるお金

質屋の場合

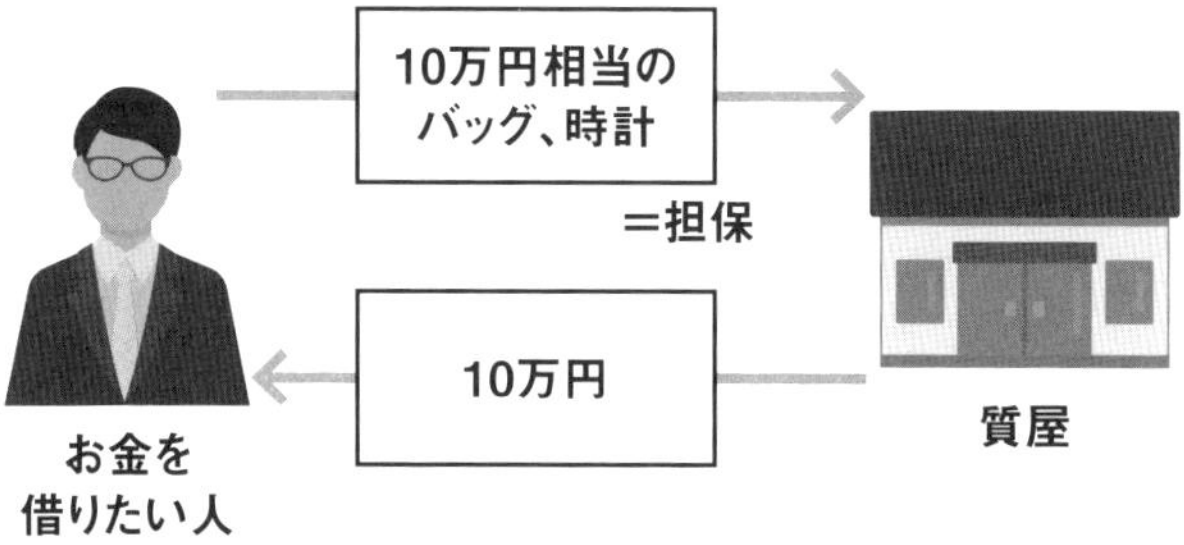

信用取引の場合

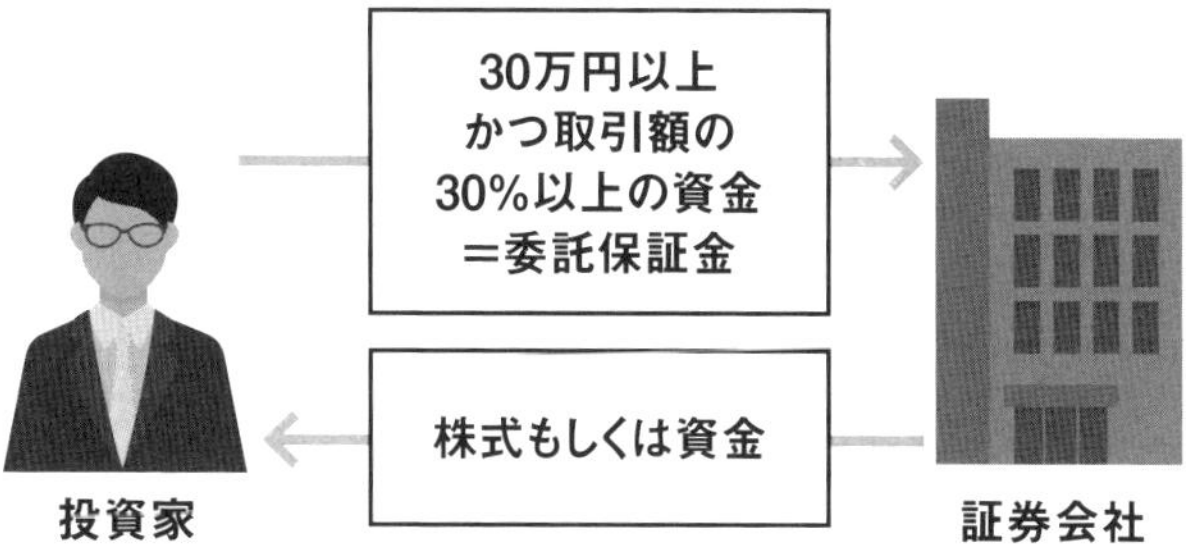

れます。

委託保証金もこれと全く同じような考えで、株や資金を証券会社から借りて取引するためには、必ず決められた最低限の金額を証券会社に預ける必要があり、そのお金のことを**「委託保証金《いたくほしょうきん》」**と言います。

委託保証金はほとんどの証券会社で30万円以上かつ、取引する銘柄の売買金額の30％以上と決められているので、信用取引を行うには委託保証金として証券口座に入れておく30万円が必要、ということになります。

また、委託保証日金は現金以外にも株式や債権など一部の有価証券《ゆうかしょうけん》（※）で代用することも可能です。

ただ、有価証券の場合、日々の値動きがあるので、時価に一定の割合（代用掛け《だいようか》目《もく》）を掛けた価格で評価額で計算されます。

※ 債権や株式、小切手などの財産的価値がある証券・証書のこと。

6 維持率と追証の仕組み

先ほど委託保証金は30％以上必要と話しましたが、信用取引を使って売り建て・買い建て（「ポジションを取る」、「ポジションを建てる」とも言います）を行った後も株価は変動するので、狙った方向と反対に動くことがあります。

そうなると、当然、証券会社に担保として預けてある資金も同時に減っていくわけですが（決済はしていないので、あくまで含み損）、仮に委託保証金を30％ギリギリ

維持費と追証

委託保証金ギリギリで3000円の株を1000株空売りする場合

3000円×1000株 ＝300万円分の ポジション	委託保証金は ポジションの30％以上 ➡300万円×30％ ＝最低でも90万円が必要

ポジションが上昇した場合

株価が3200円➡含み損20万円　＝維持率 約23.3％

株価が3300円➡含み損30万円　＝維持率 約20％

↑

この時点で追証が発生する

しか預けていない場合、含み損の程度によって、30％を下回る可能性があります。

そんな時、信用取引では「最低でも口座に使っているお金の20％（この割合は証券会社によって異なり、25％以上というような場合もあります）は残しておかなければならない」というルールがあります。

そのため、例えば1株

3000円の銘柄を空売りする場合、1000株で3000万円分のポジションを取ることになり、最低でも300万円の30％となる、90万円の委託保証金が必要になります。こうして空売りのポジションを取った後に、株価が上昇していくと、例えば3200円で含み損が20万円、3300円で含み損が30万円と、徐々に含み損が増えていきます。

この金額の減りと連動して、3000円の時に30％だった維持率は、3200円で23％、3300円で20％となるのですが、これより株価が上がることがあれば、口座の維持率は20％を切ることになるため、もしそのポジションを維持したい場合は、追加で保証金を入れる「追証《おいしょう》」を行う必要があります。

追証は「追加証拠金」の略で、その名の通り、口座の維持率が下がってきた時に、委託保証金を追加することによって口座の維持率を復活させることです。

自分で委託保証金を追加することも追証といいますが、**株投資関連の話題で「追証」**

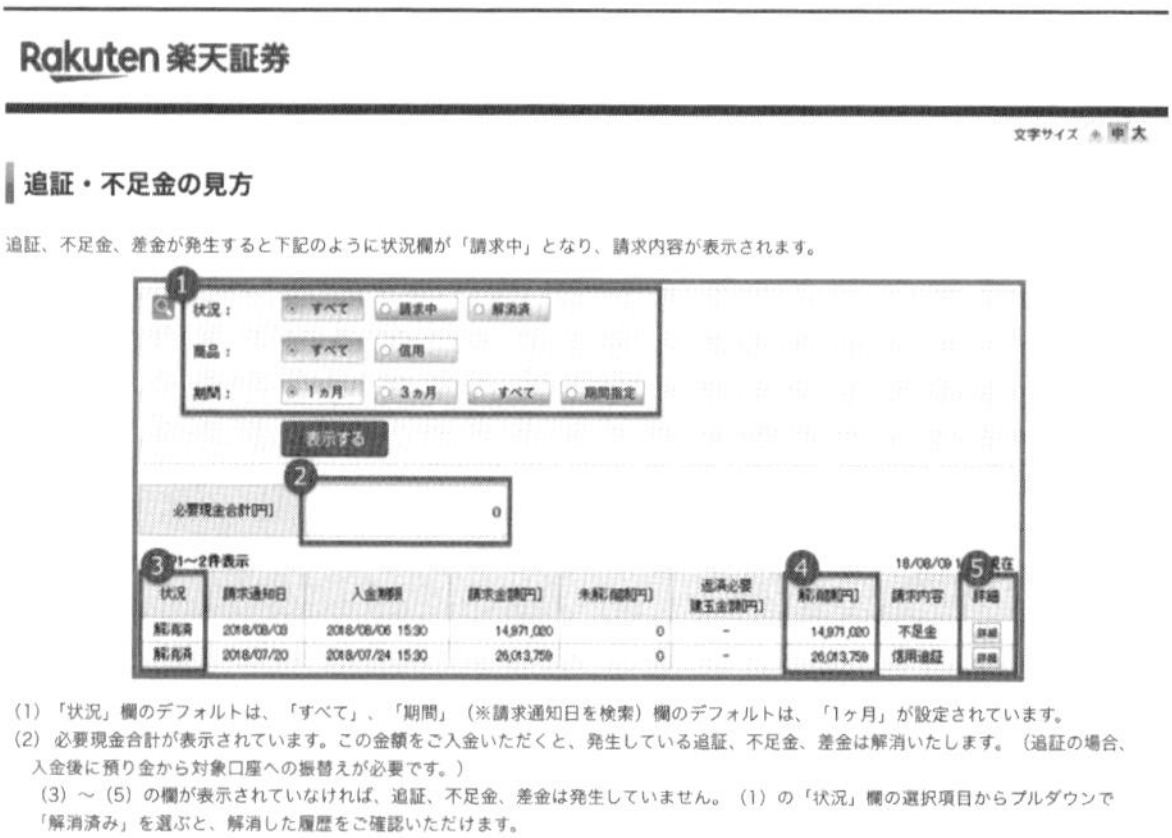
Rakuten 楽天証券
文字サイズ　小　中　大
追証・不足金の見方
追証、不足金、差金が発生すると下記のように状況欄が「請求中」となり、請求内容が表示されます。
1
状況：　すべて　請求中　解消済
商品：　すべて　信用
期間：　1ヵ月　3ヵ月　すべて　期間指定
表示する
2
必要現金合計[円]　0
3
1〜2件表示
4
5
状況　請求通知日　入金期限　請求金額[円]　未解消額[円]　返済必要建玉金額[円]　解消額[円]　請求内容　詳細
解消済　2018/08/03　2018/08/06 15:30　14,971,020　0　-　14,971,020　不足金　詳細
解消済　2018/07/20　2018/07/24 15:30　26,013,759　0　-　26,013,759　信用追証　詳細
(1) 「状況」欄のデフォルトは、「すべて」、「期間」（※請求通知日を検索）欄のデフォルトは、「1ヶ月」が設定されています。
(2) 必要現金合計が表示されています。この金額をご入金いただくと、発生している追証、不足金、差金は解消いたします。（追証の場合、入金後に預り金から対象口座への振替えが必要です。）
(3) 〜 (5) の欄が表示されていなければ、追証、不足金、差金は発生していません。(1) の「状況」欄の選択項目からプルダウンで「解消済み」を選ぶと、解消した履歴をご確認いただけます。

▲追証表示の例　出所：楽天証券HP

と出る時は、ほとんどの場合、信用取引の含み損が大きくなって、証拠金維持率が下がったことで証券会社から通知が入り、追加で委託保証金を差し入れることを指します。

基本的に追証が出ているということは含み損が増えている、ということでもあるので、証拠金維持率自体は追証を差し入れれば回復しますし、ポジションは維持されます。

ただ、当然、証拠金維持率が20％以下になっているということは、含み損が30万円を超えていますし、そこで追加の証拠金を

入れて、さらに値動きが上昇するようであれば、含み損が増えることになります。

それでも、価格が今後下がると見込めるようであれば追証を行うのも一つの方法ですが、**そうした状況になっているということは既に「適切なリスク管理」「適切な資金管理」のどちらもができていないので、そもそもが追証にならないように維持率を50%以上にしておくことや、逆行したら早めに損切りが必要です。**

また、追証が発生した場合、証券会社によって対応が多少異なりますが、基本的には発生日の翌々営業日に請求されている金額を入金するか、建玉（ポジションのこと）を決済する必要があります。

それが行われない場合は、証券会社がポジションを強制決済（強制ロスカット）を行うことになります。

7 基本的に空売りは「貸借銘柄」で行う

「貸借銘柄」は信用買いと空売り、どちらもできる

少し話が複雑になるのですが、信用取引できる銘柄には**「制度信用」**と**「一般信用」**の2つの種類があり、前者は「返済期限が6ヶ月」「品貸料《しながしりょう》（株式が不足した時に、買い方が売り方に支払う手数料）の額」の2つが東証などの証券取引所の規則で決められているもので、該当する銘柄を**「制度信用銘柄」**と言います。

信用取引の種類

一般信用銘柄	**証券会社が返済期限・品貸料の2つを自由に決めることができる**
メリット	貸借銘柄に含まれない銘柄を空売りすることができる
デメリット	制度信用銘柄に比べると金利が高い

制度信用銘柄	**証券取引所の規則で「返済期限」、「品貸料」の金額がきめられている**
メリット	一般信用銘柄よりもコストが安く済むことが多い
デメリット	返済期限が6ヵ月と決まっている ➡信用買いと空売りどちらもできる銘柄を「貸借銘柄」という

一般信用は先ほどの「返済期限」「品貸料の金額」2つを証券会社が自由に決めることのできる銘柄のことで、証券会社によっては返済期限が数年というケースもあり、比較的長期でポジションを保有することができます。

ただ、信用取引は買いでも売りでも一日おきに金利や手数料がかかりますし、一般信用銘柄はその金利が制度信用銘柄よりも高いことが多いので、**「制度的に長期保有ができるといっても、長期保有に向いているわけではない」という点に注意が必要です。**

また、制度信用銘柄のうち、**信用買いと空売りどちらもできる銘柄を「貸借銘柄《たいしゃくめいがら》」と言います。つまり、一般的に「空売りができる銘柄」というと「貸借銘柄」を指します。**

なぜこうした違いがあるのかというと、先ほども「信用取引は証券会社が投資家に資金や株式を貸す取引」ということを解説しましたが、証券会社がいくら大きな企業といっても、保有している株式や資金にも限界があるので、その限度を超える場合に、証券会社に株式や資金を貸す立場である「証券金融会社」に融通してもらうことがあります。

その証券金融会社があらかじめ設定してある基準を満たして、資金や株式を調達できる銘柄を「貸借銘柄」といい、買いと空売りどちらもが可能なのです。

市場別　貸借銘柄の割合

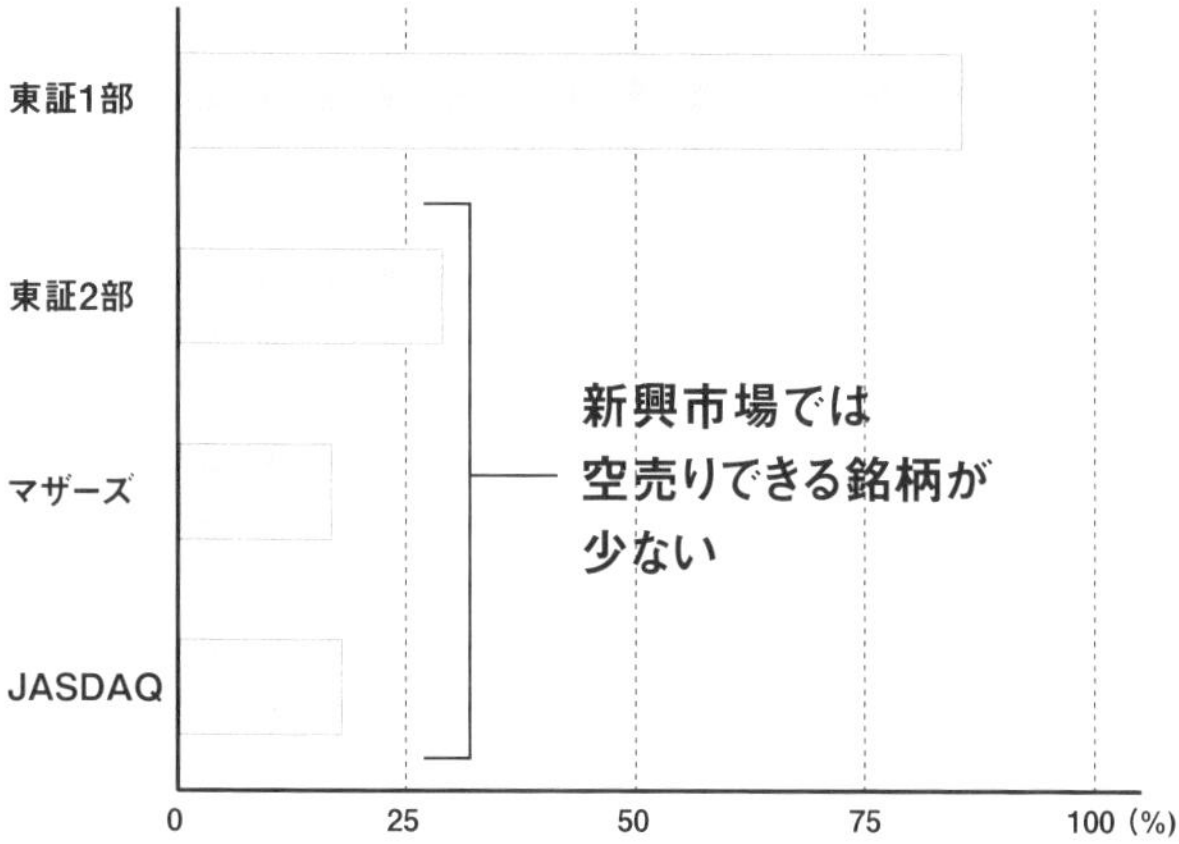

新興市場では空売りできる銘柄がかなり少ない

ちなみに、日本取引所グループが公表しているデータによると、制度信用銘柄は2018年末の時点で3621社となっており、上場銘柄のうち99・8%、貸借銘柄は2145社で上場銘柄のうち59・2%となっています。

つまり、株式市場に上場している銘柄のうち、空売りができるのは約6割ということです（※一般信用銘柄は別です）。

ただ、もう少し詳しく数字を見るとわかりますが、「貸借銘柄に関しては上場している市場によって数値が大きく変動する」という点には注意が必要です。

というのも、先ほど説明したように、制度信用銘柄はどの市場でもほとんどの銘柄に当てはまりますが、貸借銘柄に関しては市場によってバラツキがあり、例えば東証1部では85・6%の銘柄が貸借銘柄なので、ほとんどの銘柄で信用買いと空売りどちらも可能です。

しかし、東証2部では28・7%、マザーズでは17・4%、JASDAQでは18・0%と、**いわゆる「新興市場」では東証1部と比較して空売りできる銘柄がかなり限られてくるのがわかります。**

事前に空売りできる銘柄かどうかはしっかりと下調べしておこう

つまり、本書を読んでいただいている皆さんは当然、「空売りを使って利益を得た

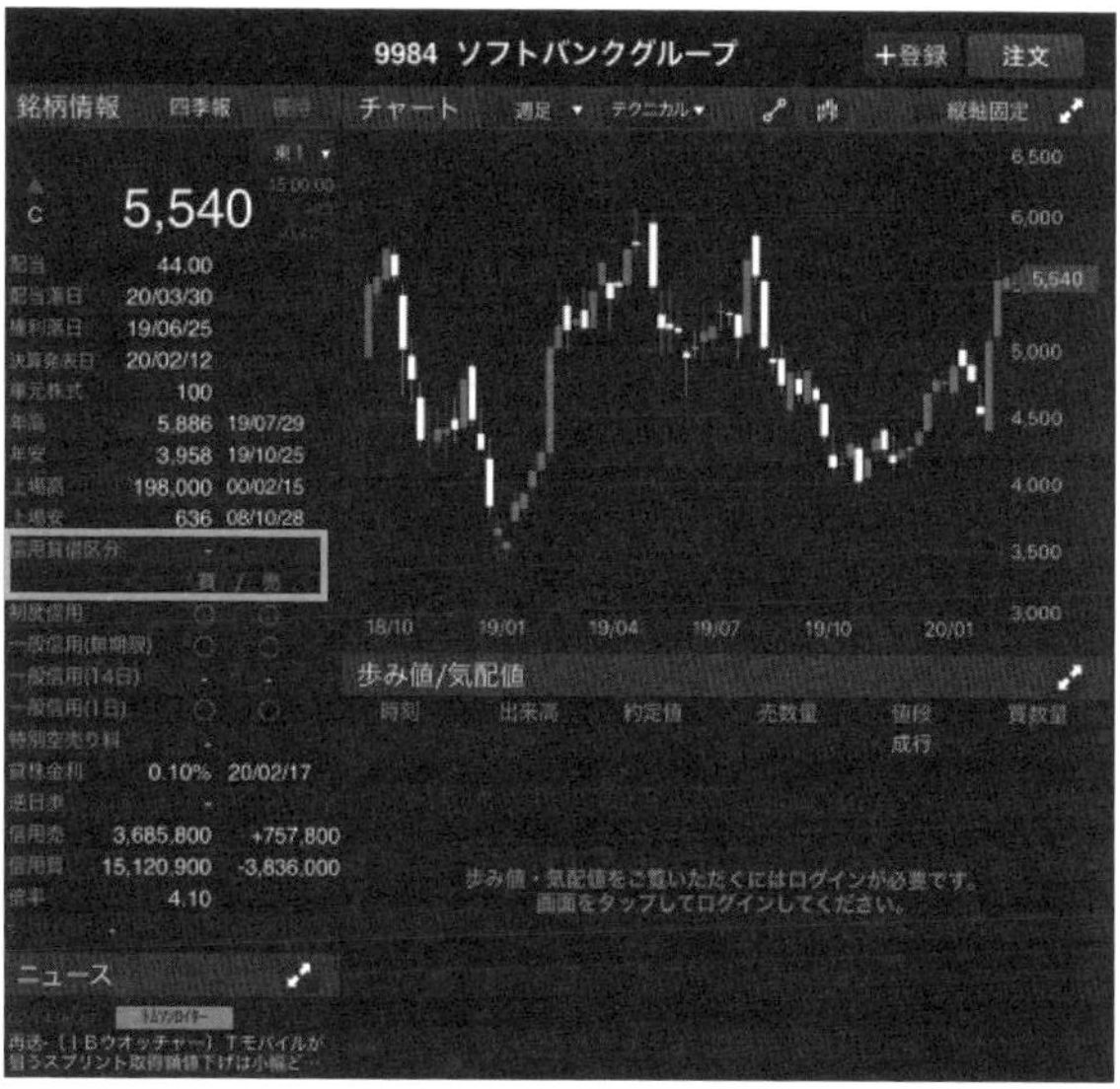

▲ ISPEEDの銘柄情報画面。囲みの部分でその銘柄の信用区分を確認することができる

い」というモチベーションがある方がほとんどだと思いますが、後ほど説明するノウハウを身につけたとしても、**選んだ銘柄が新興市場に上場していて、貸借銘柄でない場合はそもそも空売りができませんし、分析に当てた時間が無駄になります。**

どうしても新興銘柄で空売りをしたい場合は、事前に貸借銘柄かどうかを調べておくか、そもそも東証1部銘柄だけで絞り込むかを決めておく必要があります。

ちなみに、制度信用銘柄、貸借銘柄は日本証券取引所（ＪＰＸ）が毎日一覧で公表しているのでこちらで探すか、もしくは左の画像のように、トレードツールなどにも分類がされているので、いずれかの方法を使って確認することができます。

先ほどの画像は冒頭でも紹介した、楽天証券のトレードツール、ｉＳＰＥＥＤの銘柄情報が表示されている画面です。

このツールでは、調べたい銘柄の信用貸借区分（買い建て、売り建てが可能かどうか、制度信用銘柄・一般信用銘柄かどうか）が一目でわかるため、空売りの分析を行う前に、まずはここに目を通しておきましょう。

第3章

空売りを行う前に知っておきたいこと

ここからは、空売りをする際に知っておきたいポイントをいくつか紹介していきます。現物取引と勝手が違う点があるので、必ず押さえておきましょう！

1 信用取引のメリット①

資金効率が高い

少し話が戻りますが、「信用取引」という大枠で考えると、空売りを使えるため株価が下がった場合でも利益が出せるというメリットがありますが、それ以外で信用買い、空売りどちらも共通して「資金効率を高められる」という点があります。

「維持率と追証」のところで深く解説しませんでしたが、Ｐ72で出した１株３０００円の例をもう一度出すと、仮に現物取引でその株を買うためには最低でも３００万円（３０００円×１０００株）の資金が必要になりますが、信用取引では売買したい株式の30％を委託保証金として証券会社に預ければ、買いポジションを建てることができるので、現物取引では３００万円必要でも、信用取引では最低90万円あれば取引することができます。

つまり、見方を変えれば**「信用取引では委託保証金の最大３・３倍まで取引ができる」**ということになります。

この特性を利用して、委託保証金よりも大きな資金を運用し、想定通りに価格が動けば、先ほどの90万円で３００万円分の取引をした場合、10％の変動で30万円の利益になりますが、90万円の現物の買いでは同じ10％の変動でも９万円の利益しか出ません。つまり**「信用取引では自分の持っている資金よりも大きな金額を運用できる」**ということなのです。

現物取引で価格が10%動いた場合

信用取引で価格が10%動いた場合

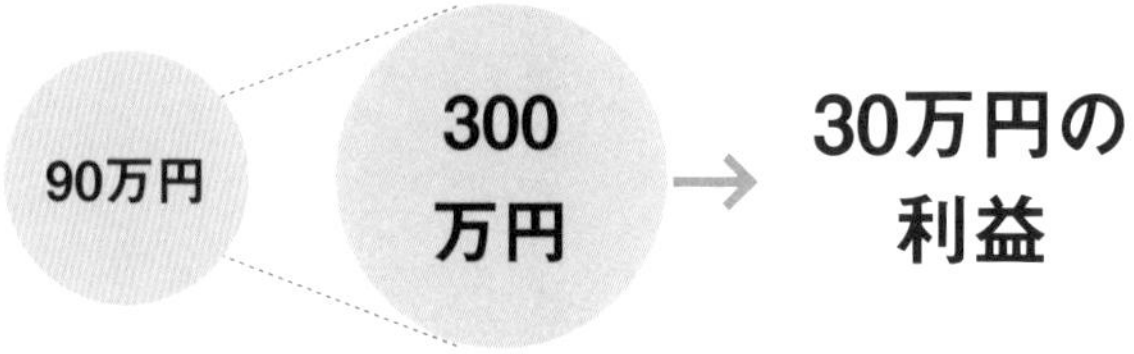

レバレッジを効かせた場合、最大300万円の取引ができる

少ない資金で大きな利益を出すことができれば当然、費用対効果は大きいですし、その意味で信用取引を上手く使えば効率的なトレードが可能になります。

また、こうした自己資金よりも大きな金額を動かすことを「レバレッジ（※）を効かせる」という言い回しをすることがあります。

※「てこ」の意味。少ない金額で大きな資金を動かすイメージから、このような使われ方をします。

2 信用取引のメリット②

1日に何度も取引ができる

また、先ほどは資金量に対しての「効率性」の話でしたが、**信用取引のもう一つのメリットとして「回転売買で効率よく取引ができる」という点があります。**

例えば、現物取引では100万円分の株を買ったとして、その日のうちにその株を売却して、再度100万円分、同じ株を買うことはできますが、それを売ることはできません。

というのも、株の現物取引では**「差金決済」**が禁止されています。**差金決済とは「決済時に現物資産の受け渡しをせずに、売却した金額と買付けした金額との差額を受け取る決済」**のことで、株の現物取引では買付けした日と現物の引き渡しは、取引システムの関係上、別日になります。

そのため、先ほどの例だと、資金１００万円で60万円の株を買ったとして、その株を当日中に62万円で売却して、再び値下がりした後に61万円で買って上がったところで売るということはできません。

なぜかというと、現物の受け渡しが別日ということとは、システム的に見ると現物で２００株を買ったことになるので、１２１万円が必要になり当初あった１００万円の資金では21万円足りません。その不足分は当日に売却して得た62万円から支払うことになるので、これが差金決済となってしまうのです。

現物取引の場合

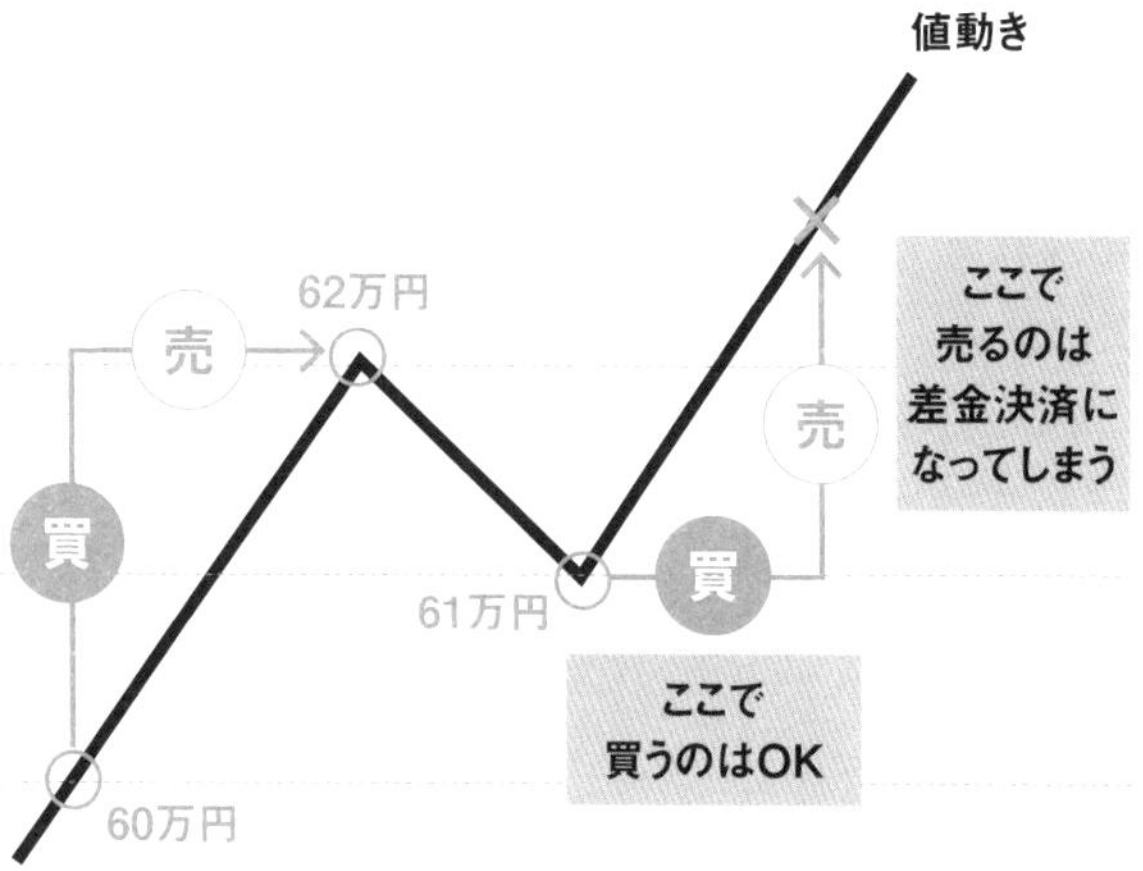

信用取引はデイトレードと相性がいい

このような考え方から、現物取引は差金決済が禁止されているのですが、**信用取引は例外で一日の中で何度も取引を行うことができます。**

したがって、100万円の委託保証金で60万円の時に信用買い→62万円で売却（口座は102万円に増える）→102万円の委託保証金を使って61万円の時に信用買い→63万円で売却（口座は104万円に増える）、と

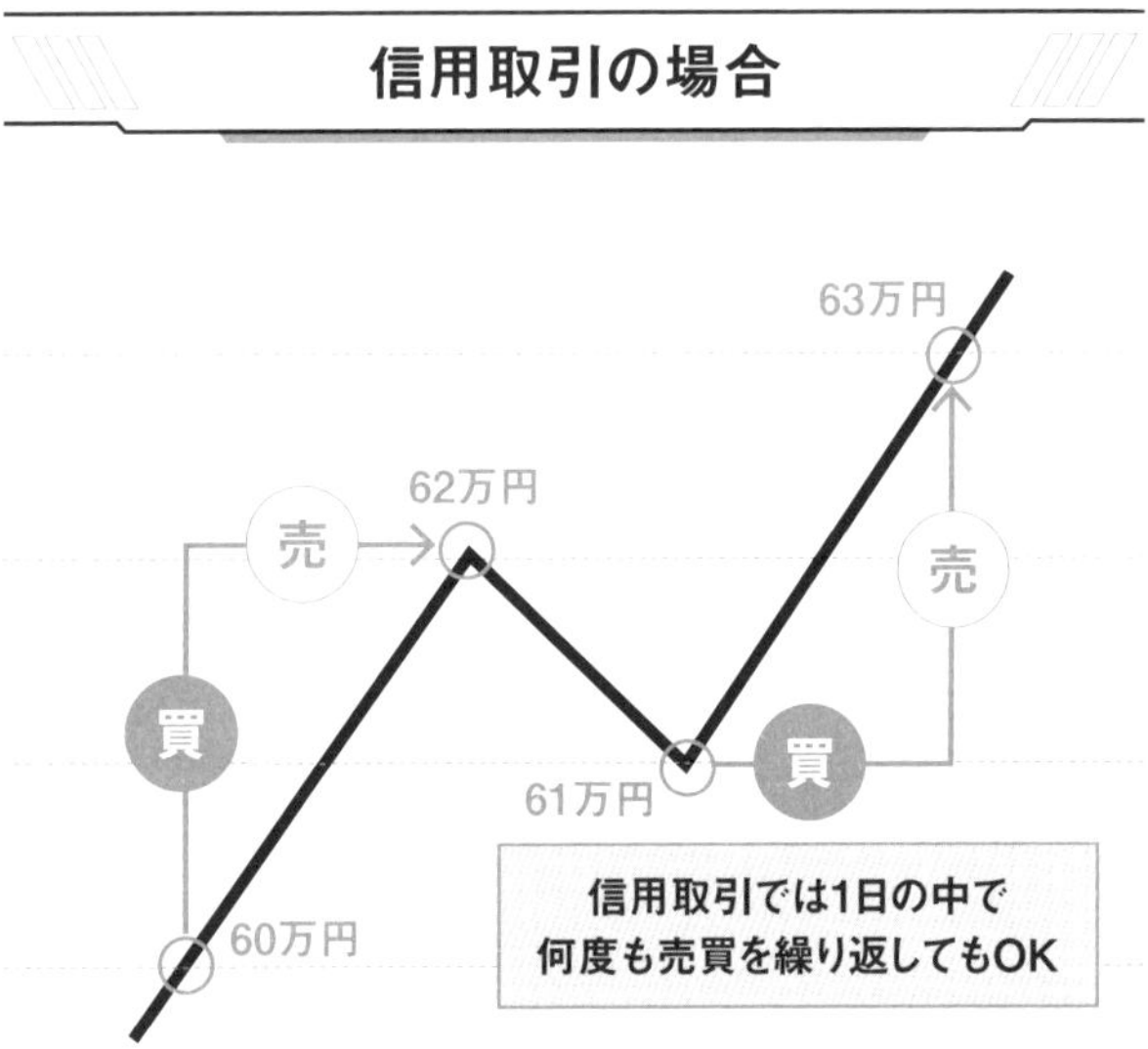

いった取引（いわゆる「回転売買」）を1日の中で何度も行うことができます。

つまり先ほどの話をまとめると、

現物→当日は1回転まで
信用→何度でも回転可

ということになるので、仮にあなたが保有する時間軸が短いデイトレードやスキャルピングを行う場合、1日の中で何度もポジション保有→決済を繰り返すことになり、現物取引は仕組み上、そうした取引に向いていないこと

がわかります。

また、各証券会社でも、投資家に積極的にそうした信用取引をつかった回転売買をやってもらえるように、1日の取引総額に応じて、手数料が定額になるコース（例：楽天証券「1日定額コース」https://www.rakuten-sec.co.jp/web/domestic/margin/commission.html#oneday）といったプランが用意されていますし、制度上、そうした短い時間軸のトレードと相性が良いと言えます。

3　信用取引のデメリット①

損失を抱えるリスクが大きくなる

ここまで信用取引のメリットを解説してきましたが、当然、良い面ばかりではありません。信用取引に限らず何かしらの制度を利用する際には、良い面と悪い面の両方を把握しておくことが必要なので、それをこれから解説していきます。

元手90万円で空売りをした場合

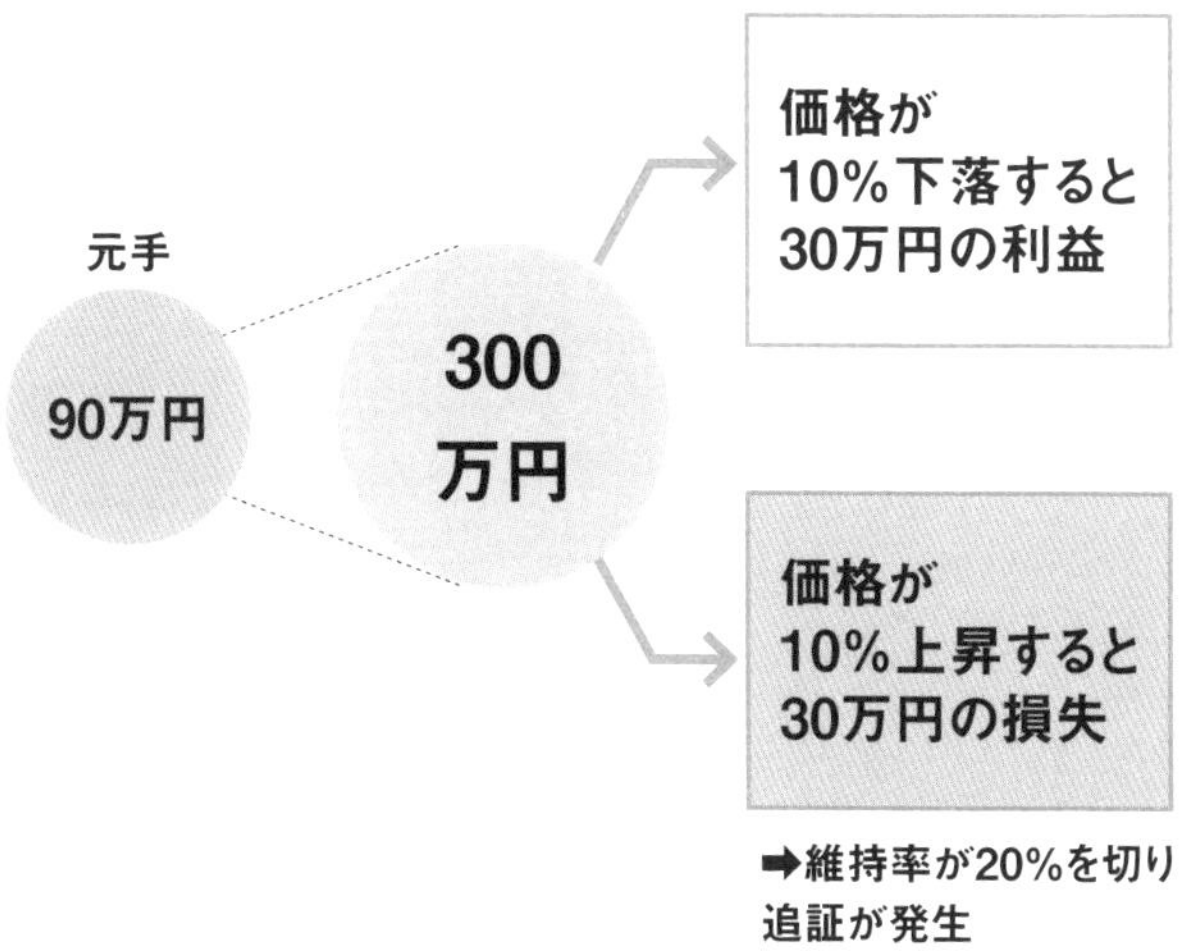
元手
90万円
300
万円
価格が
10％下落すると
30万円の利益
価格が
10％上昇すると
30万円の損失
➡維持率が20％を切り
追証が発生

まず、先ほど説明した「効率的な売買ができる」と対になるのですが、**「自己資金よりも大きな金額を運用できる」という特性上、レバレッジを効かせるほど、損失を出した際の額が大きくなる可能性があります。**

信用取引は自己資金の最大3・3倍まで取引ができるので、300万円の株を買うには最低90万円あれば足りますが、仮にこの金額で利益が出せた場合、非常に効率的なトレードとなります（10％の値動きで30万円の利益＝

自己資金だけで見ると30％増）。

しかし逆に考えると、例えば同じ条件で10％反対に価格が動けば、30万円の損失になり、その時点で委託保証金が60万円となるので、維持率が20％を切り、追証が発生します。

つまり、**信用取引を使って自己資金90万円で３００万円分の取引を行うということは、値動きが10％程度変動するだけで追証になる、というリスクを常に抱えていることになります。**これは自己資金が１００万円で３３０万円の銘柄を取引しても同じで、**レバレッジを上げれば上げるほど、大きな損失を抱えるリスクも大きくなります。**

管理ができればリスクは怖くはない

当然、現物で取引する場合も、「１０００円まで株価が下がったら損切り」というように、自分がどこまで損失を許容できるのかを把握しておき、価格が反対に動いた時に、損切りするといったリスク管理は必ず行う必要があります。

ただ、信用取引を使って資産よりも大きな額を取引する場合、**委託保証金をいくら入れているかよりも、どの程度のレバレッジでいくらを運用しているのかを常に注目しておく必要があります。**

つまり、上下する金額の幅が大きい分、自分の許容できる損失額を把握して、損切りすべき時は損切りを行い、どこまで利益を伸ばすのかを現物取引よりも厳密に考える必要があるのです。

ただ、これはあくまでレバレッジを上げ過ぎたらという話で、例えば委託保証金を30万円入れて、30万円の株を取引したり（レバレッジ1倍）、45万円の株を取引したり（レバレッジ1・5倍）というように自分で調整ができることを考えると、この点は制御が効きさえすれば、デメリットにはあまりならないということも覚えておいた方がいいでしょう。

4 信用取引のデメリット②

長期保有に向いていない

「空売りできる銘柄」の項で説明しましたが、信用取引自体が「資金または株を証券会社から借り、返す時の差額で損益を出す」という仕組みなので、制度信用か一般信用かによって期間の差はありますが、**「必ず返却期限がある」という点が場合によってはデメリットになることがあります。**

例えば、ある銘柄がチャート上でトレンドの底と分析して、そこからの上昇を狙って信用買いを行ったとして、価格がさらに下落した場合、ポジションは含み損となりますが、決済しなければ損失は確定しません。

あまり良くないケースですが、現物取引であれば「いずれ上昇する」と考えて、そのまま放置（塩漬け）しておいても、その銘柄が上場廃止にならない限りは問題ありません（含み損が増えていくという問題はありますが……）。

実際、リーマンショック当時などは「安くなっている」と判断して、下落の途中で買い向かった投資家がたくさんいましたが、過去の日経平均を見てもわかるように4年後のアベノミクスによる株価上昇でようやく塩漬けから回復し、利益が出たという投資家も多くいました。

しかし、信用取引、特に制度信用銘柄の場合、信用買いでも空売りでも、**ポジションを取ってから半年後には必ず決済しないといけないというルールがあるため、現物**

取引のようには保有できないという点がデメリットになります。

信用取引には金利がかかる

先程説明した期間の問題と並んで、信用取引が長期保有に向いていない、もう一つの理由が**「保有しておくコストが現物取引よりも余計にかかる」**という点があります。取引ごとに手数料がかかる、というのは現物取引と信用取引で共通ですが（「デイトレードと相性がいい」で紹介したように証券会社によっては定額サービスなどもあります）、信用取引の場合、次の図のようなコストがかかります。

事務管理料などの額は少ないですが、金利については注意しておくべきで、例えば信用買いで１００万円のポジションを取ったとして、年利が２・８％かかるため、制度信用の期限最大まで保有すると、半年を単純に１８３日として、（１００万円×２・８０％）÷３６５×１８３＝１４２３３円となり、価格の上下を抜きにして、保有す

制度信用買い	制度信用売り
●金利 →年利2.80% ●事務管理料 →新規約定額日から 1ヵ月ごとに 一株当たり税込11銭	●貸株料 →年利1.10% ●逆日歩 →発生すれば ●事務管理料 →新規約定日から 1カ月ごとに 一株当たり税込11銭

▲出所：楽天証券「信用取引にかかるコスト」

るだけでこれだけのコストがかかる
ということがわかります。

5 空売りのメリットとデメリット

メリット① 下降相場でも利益が狙える

ここまで、大枠としての信用取引の仕組みを解説してきましたが、ようやく本題の空売りに話を移します。

空売りの一番のメリットは、当然**「下落相場でも利益が狙える」**という点でしょう。

ここまで解説してきた通り、現物取引や信用での買いは文字通り、「安いところで買って、高くなったら売る」という取引です（現物買いでは、配当や優待狙いという選択肢があるため、インカムゲイン狙いの場合は話は少し違いますが）。

そのため、買いで差益（キャピタルゲイン）を狙う場合、上昇相場で順張りをするか、年に数回起こる暴落・急落時に仕込んで反転を狙うかという選択肢がありますが、いずれにせよ、「今後価格が上昇していくだろう」という見込みのもとに取引を行います。

したがって、投資する銘柄が長期で下降トレンドに入ってしまうと、リバウンドを狙って買いで入る、というのも一つの戦略かもしれませんが、そうした動きは一時的なものに終わってしまうため、期待値そのものが低いですし、利益が出たらすぐに逃げるデイトレードのような方法か、そもそも取引しないという方針しか取れません。

しかし、**ここに「空売り」という選択肢があると、期間の縛りや逆日歩などのデ**

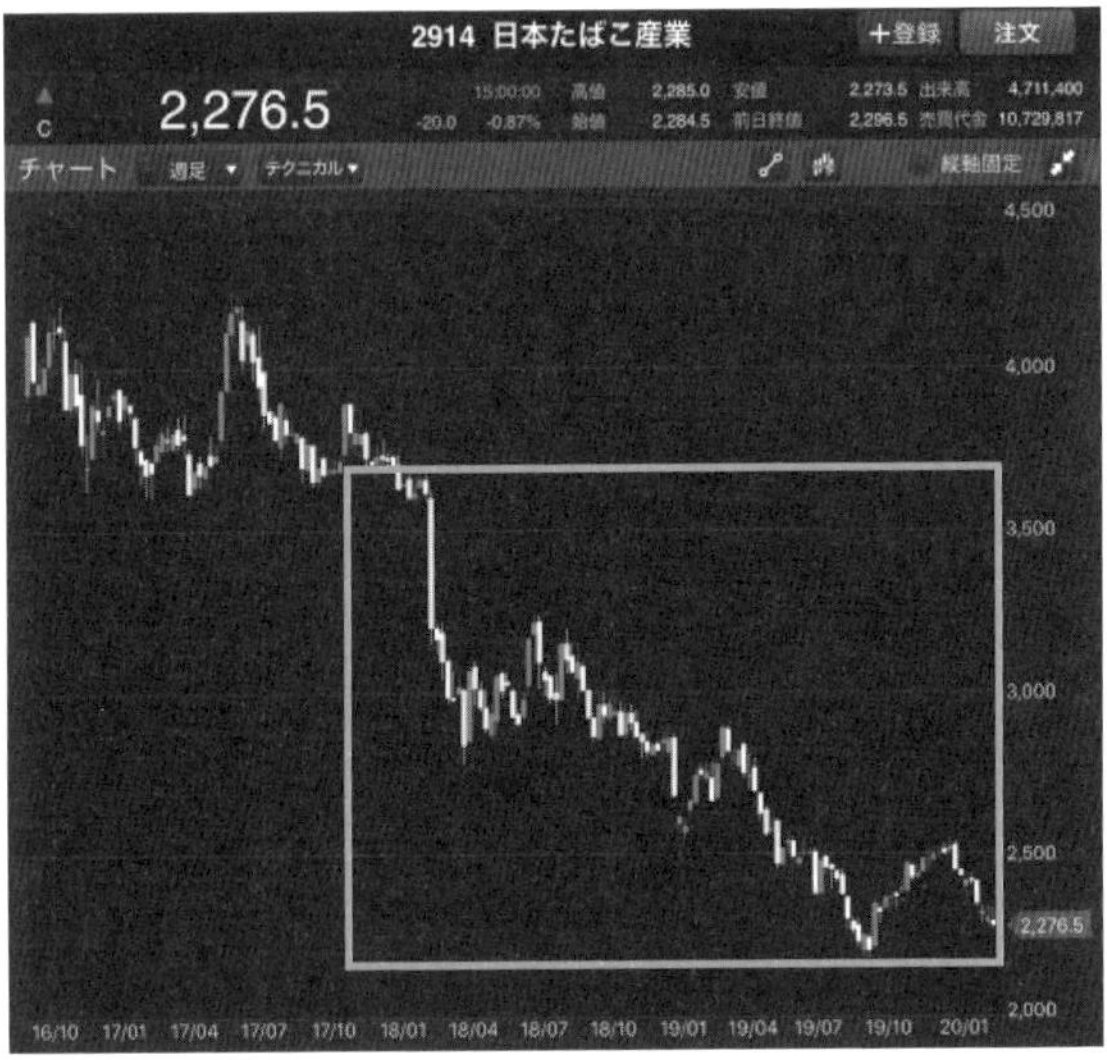

▲空売りであればこうした下降相場でも利益を狙うことができる

メリットがあるとはいえ、「上がるなら買い」「下がるなら空売り」とチャートをフラットに見てトレードを行うことができるのです。

逆に、売りと買いどちらもできるからといって、どんな局面でもトレードをしなければいけない、というわけではありませんが、少なくとも「ここで無理をして買うなら今は次のチャンスを待った方がいいな……でも売るという選択肢があるなら、勝てそうな相場だよな」という時に空売りができれば、単純にトレードするチャンスを2倍に増やすことができますし、そうした点が空売りの一番のメリットであると言えます。

メリット② 両建てができる

空売りができると、上昇相場と下降相場の両方でトレードするチャンスができる、というのが先ほどの話ですが、**そこから少し踏み込んで話をすると、これは単に別々の銘柄だけでなく「1つの銘柄でも当てはまる」と言えるのです。**

というのも、例えば長期間の上昇を想定して、現物買いをした銘柄があるとして、想定通り徐々に株価が上昇したとします。この時点でポジションは含み益となっていますが、株価は上昇トレンドと言っても、常に細かく上下を繰り返しながら動いているので、既に出ている含み益が減ることも、もちろんあります。

ただし、トレンドが出ているのであれば、スイングの方向性自体は変わらないので、こうした時に空売りが使えると相場に柔軟に対応できるようになります。というのも、**現物買いのポジションは保有したままにして、短期で発生する値動きを空売りで取る「両建て」が使えるからです。**

つまり、次の図のように、**スイングで買っている銘柄の一時的な価格の落ち込みを、空売りのデイトレードで取っていくというような、中長期の上昇・短期の下落どちらも積極的に利益につなげるイメージです。**

また、**「買いのスイング＋売りのデイ」**ができるということは、反対の**「売りのスイング＋買いのデイ」**という組み合わせも当然可能なので、空売りの性質上期限に限りはありますが、空売りを使えば上昇相場・下降相場どちらでも両建てができるのです。

また、先程の例では、どちらかというと「含み益を減らさない」という点において、ある意味積極的な仕掛けですが、例えば長期保有中に決算を跨いだり、大きなイベン

両建てのイメージ

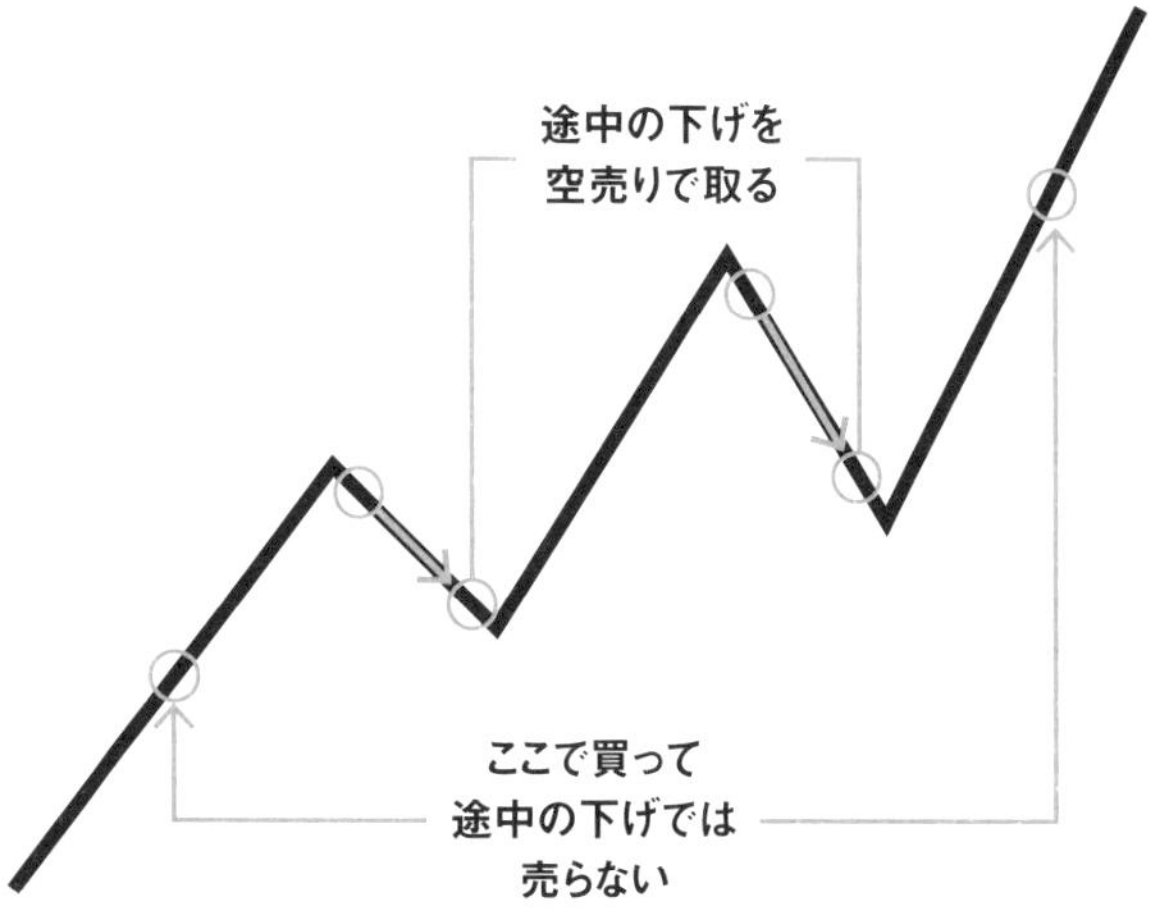
途中の下げを
空売りで取る
ここで買って
途中の下げでは
売らない

トを控えている際には、事前に空売りしておき、突発的な下げを空売りの利益で相殺させるという「守り」の方法としても使うことができます（これを「ヘッジ」と呼びます）。

ここまでの話だけで判断すると、両建ては万能の手法のように聞こえますが、例えば「買いのスイング＋売りのデイ」の両建てをした場合、短期で価格が上昇してしまうと、空売りのポジションは含み損になってしまうため、どこかで損切りの判断を行う必要がありますし、せっかく現物買いで出た利益が相殺されてしまうというリスクもあります。

その意味でも、両建てはポジションを複数持つことになるので、単に一方向でチャートを見てトレードするよりは難易度が上がるという一面もありますが、**上手く使うことができれば、相場に柔軟に対応でき、ステップアップできる手段とも言えます。**

デメリット① 最大利益率が下がる

空売りは信用取引の一部なので、基本的には「信用取引のデメリット」で解説した通りなのですが、ここからは空売り特有のデメリットについてお話していきます。

まず第一に「最大利益率が下がる」という点が挙げられます。空売りは価格が下がると利益が出る取引ですが、株式という商品の特性上、株価が0円になるということは（一般的にはそれまでに上場廃止になってしまいますが）あっても、それ以下になってしまうということはありません。

つまり、空売りで狙える最高利益は極端な話、100万円分を売れば最高で100万円、1000万円で空売りすれば最高で1000万円が限度なのです。

反対に、株価の上限を考えると理論上は100円の株が1万円、10万円、それ以上に上昇することも可能です。

ただ、制度信用銘柄の期限である半年を考えると、その期間で急に株価が数十倍数百倍になるというのは考えづらいので、**あくまで可能性として、「現物や信用の買いと比較して空売りは利益率が低い」というのはデメリットの一つと言えます。**

また、空売りを行う際にもう一つ考えなければならないのが**「損失の上限」**です。

先程は「空売りは利益が限定的、買いの利益は上限がない」という利益についての話でしたが、**損失について考えると「空売りの損失は上限がなく、買いの損失は限定的」となります。**

これもシンプルに、現物や信用で買った場合、最悪株価が下がっても0になるだけですが、空売りした場合、株価の上昇は理論上限界がないので、それに応じて損失が増えていくという考え方から出る結論です。

ただ、この場合は証券会社に預けている委託保証金も関係してくるので、含み損がある程度増えてくると、事前に委託保証金を差し入れない限りは追証、それが入金されないと強制決済となるので、実質的に損失は限定されています。ただ、それでも諦めきれずに追証を入れ続けていると、実質的に損失はどこまでも伸びていきます。

損失に関する相場格言に**「買いは家まで、売りは命まで」**という言葉があるように、昔から空売りを扱う際に注意喚起がされていて、**含み損を抱えた際に間違いを認めなければ、取り返しのつかない損失を抱えてしまう可能性もある**という点を、頭に入れておいた方がいいでしょう。

デメリット②　保有コストがかかる

空売りでもう一つ注意しておくべき点としては「金利」と「逆日歩《ぎゃくひぶ》」などのポジションを保有する際にかかるコストについてです。信用買いでは証券会社からお金自体を借りることになるので、その借りた資金に対して金利がつきますが、**空売りの場合は株を借りるので、その借りてきた株に「貸株料」という金利がかかります。**

貸株料が空売りの金利に相当するので、一見すると信用買いよりも空売りの方がコストが安い印象を受けますが、空売りには**「逆日歩」**が発生することがあります。

逆日歩は空売りする人が払うもう一つのコストのことで、「空売りできる銘柄（貸借銘柄）」でも解説したように、私たちのような個人投資家が空売りをしたいと思った際に、証券会社で保有している株も限りがあるため、証券金融会社から株を借りて個人投資家に貸すことになります。

ただ、そうして貸せる株にも限りがあるので、不足する場合は生命保険・損害保険・銀行など、いわゆる機関投資家から株を借りる場合があります。その際に発生する株の調達費用が「逆日歩」なのです。

逆日歩は必ず発生するわけではなく、**「空売りできる残数（信用売り残）」が「信用買いできる残数（信用買い残）」を下回った場合のみ発生し、その日ごとに計算されるため、信用売り残が極端に減ると逆日歩の金額は大きくなります。**

逆日歩は土日や祝日も含めて計算されるため、大型連休の直前に逆日歩が発生している銘柄を空売りした場合などは、予期しないコストを払う必要があるので注意が必要です。

6 空売りのポイント

さてここからが本題、実際に空売りする際にどのように考え、動けばいいのかの指針をこの章から解説していきます。

上昇トレンドに逆らわない

そもそも「空売り」については、制度・仕組みの面で現物買いや信用買いと異なる取引ではありますが、フラットに見れば**「下がる場面で売れば利益が出る取引」**ということができます。つまり、チャートだけで判断するのであれば、買いで利益を得られる「反対」の場面で取引すればいいということで、この点に関しては余り難しく考える必要はありません。

その点を踏まえると、現物買いや信用買いで上昇トレンドに沿って買うタイミングを分析するのと同じように、**空売りでは「下向きのトレンドが出ているタイミングでエントリーする」というのが基本的な方針となります。**

空売りを行う際によくある失敗として、例えば上昇トレンドが一定の期間続いている銘柄があり、なんとなく「そろそろ天井かも…」と安易に判断して空売りを行い、その後に続く上昇トレンドに巻き込まれて含み損になってしまう、といったケースです。

高沢式ではこうしたトレンド途中の短期足で見た反転（上位足で見ると上昇トレン

ドの押し目になります）を狙ったトレードも行うことがありますが、これはテクニカル的にしっかりと根拠を伴っているからこそできる判断で、そうした背景もないままにトレンドに逆らった空売りを行うと、損失を増やしてしまう原因となります。

また、先ほど空売りは単に買いの「反対」とお伝えしましたが、**特に普段、現物取引に慣れている人ほど、チャートを見る際に「買いの目線」が中心になっているため、「上昇で利益を出す」「下落で利益を出す」という両面の取引になると、混乱してしまうと言ったケースもあるようです。**

空売りを行うということは、自分自身の取引に新たな目線を増やすということでもあるので、**買いと売り両面でしっかりと利益に繋げていくためには、まず、その目線に慣れていく必要があります。**

その意味で、空売りをこれから始める場合、**「上昇トレンドに逆らわない」**という点を重視してみてください。

ポジション管理を厳しくする

また、これまでみなさんが行ってきた現物取引と比較して、**空売りはより厳密にポジション管理を行う必要があります。**

このように言うのは2つのポイントがあり、1つ目は「信用取引のデメリット」の項でもお伝えしましたが、**空売りが信用取引であるということから、「自己資金よりも大きな金額を取引できてしまう」という特性が関係しています。**

信用取引は買いでも空売りでも、最大で自己資金（委託保証金）の約3.3倍までポジションを立てることができるので、**単純にこの特性をフルに使うと、100万円の委託保証金があれば330万円分の取引ができてしまいます。**

当然、取引する額が大きければ大きいほど、値動きに対して得られる金額も大きく

なるので、一見、魅力的に映るかもしれませんが、そうした取引は常に追証と隣り合わせなのですし、

「どの程度のレバレッジをかけるのか（自己資金に対してどれくらいの取引量にするのか）」
「どこまで損失を許容できるのか」
「どこで利確を行うのか」

というような判断を、現物取引と比較してより厳密に行う必要があります。

7 上昇相場、下降相場のスピードの違いに注意する

下落する時のスピードは早い

また、もうひとつ知っておいてもらいたいのが、「下降相場はスピードが速い」という点です。これまで現物取引で相場に参加してきた人は特に理解してもらえると思いますが、**相場とは基本的に上昇↓レンジ↓下降↓レンジと繰り返すものです。**

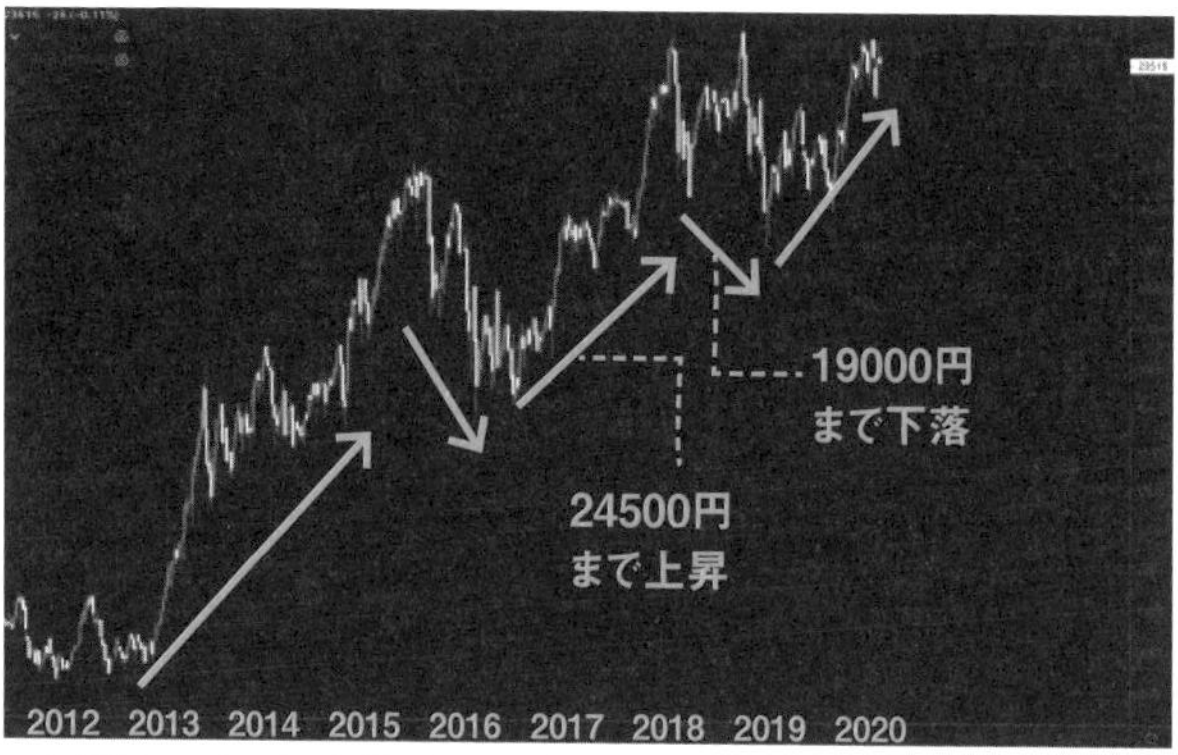

▲下降のスピードは上昇時よりも速い

これは一方向にトレンドが出ているような銘柄でも同じで、どんな銘柄でもこうした循環が必ずあります。したがって、買いで入る場合も売りで入る場合も、この循環のなかで、「上昇時＝買いで入る」「下降時＝売りで入る」とフラットに判断すればいいいいですが、ここでの問題が**「上昇時と下降時のスピードの違い」**です。

図は日経平均の週足チャートですが、これを見ると、２０１２年以降はアベノミクスや世界での金融緩和の影響もあり、基本的には上昇トレンドがベースにあることがわかります。ただ、そうしたトレンドが出ている状況でも、一方向に何週間も陽線が出続けるというケースは全体を通してみても少なく、ほとんどが上昇↓レンジ↓下落↓レンジを繰り返しています。

その前提を踏まえて注目してもらいたいのが、上昇時と下落時のスピードで、例えば2016年から2018年10月までに日経平均は14500付近の安値から、約2年をかけてバブル以降最高値である24500円を超え、1万円近く値上がりしました。一方、その高値をつけた後を見ると、ほんの数ヶ月で上昇の半値である19000円まで下げています。

急落時はエントリー・利確のタイミングが、よりシビアになる

チャート形状など非常にわかりやすい例だったので、ここで紹介しましたが、**「数年かけて上昇した銘柄が数ヶ月で半分まで下がる」というケースは相場ではよくある話ですし、ここから得られる教訓としては「下落する時のスピードは早い」という点でしょう。**

当然、空売りを使って利益を得るためには、そうした相場で取引することになります。そのため、タイミングよく下落の動きに合わせて空売りできた場合は別ですが、相場のスピードが速くなるということは、急落↓リバウンド↓急落というような動きにもつながるため、**「どこでエントリーして、どこで利確するか」という判断がシビアになります。**

その意味で、エントリー後、一時的に含み損になった場合にどこまで耐えられるか（＝どこで損切りするのか）、というポジション管理の話とも繋がってきますし、現物取引と比較すると、そうした点で注意する必要があります。

小型株は避ける

先ほどまでは、チャートやポジション管理の話でしたが、もう一つ知っておいてもらいたいのが、**どんな銘柄で空売りをするのかを考える際に、できれば「時価総額の大きな銘柄」から選ぶ方がいいという点です。**

というのも、時価総額の少ない、「小型株」と呼ばれる銘柄の中にも、制度信用銘柄や一般信用銘柄があるので、そうした銘柄は空売りすることが可能です。しかし、例えば企業にとって悪いニュースが出て、チャート的に下向きで今後も下落が期待できそうな場面でも、小型株の場合、ほんの少しのきっかけで、それまでの下げを吹き飛ばすような急騰をすることがよくあります。

これが大型株であれば、少し急騰したところで空売りする市場参加者や、利確する市場参加者が出るため、それほど極端に一方向に動くことは稀ですが、小型株に関しては、売り手と買い手の数が多くないため、少しきっかけがあれば急騰しますし、ストップ高になることもあります。特にこれが連続ストップ高になってしまうと、損切りの決済注文さえも通らなくなるので、損失が大きくなっているのを指を咥えて待つしかありません。

その意味で、小型株でなくとも、バイオ銘柄などは実験結果が株価に大きく影響を

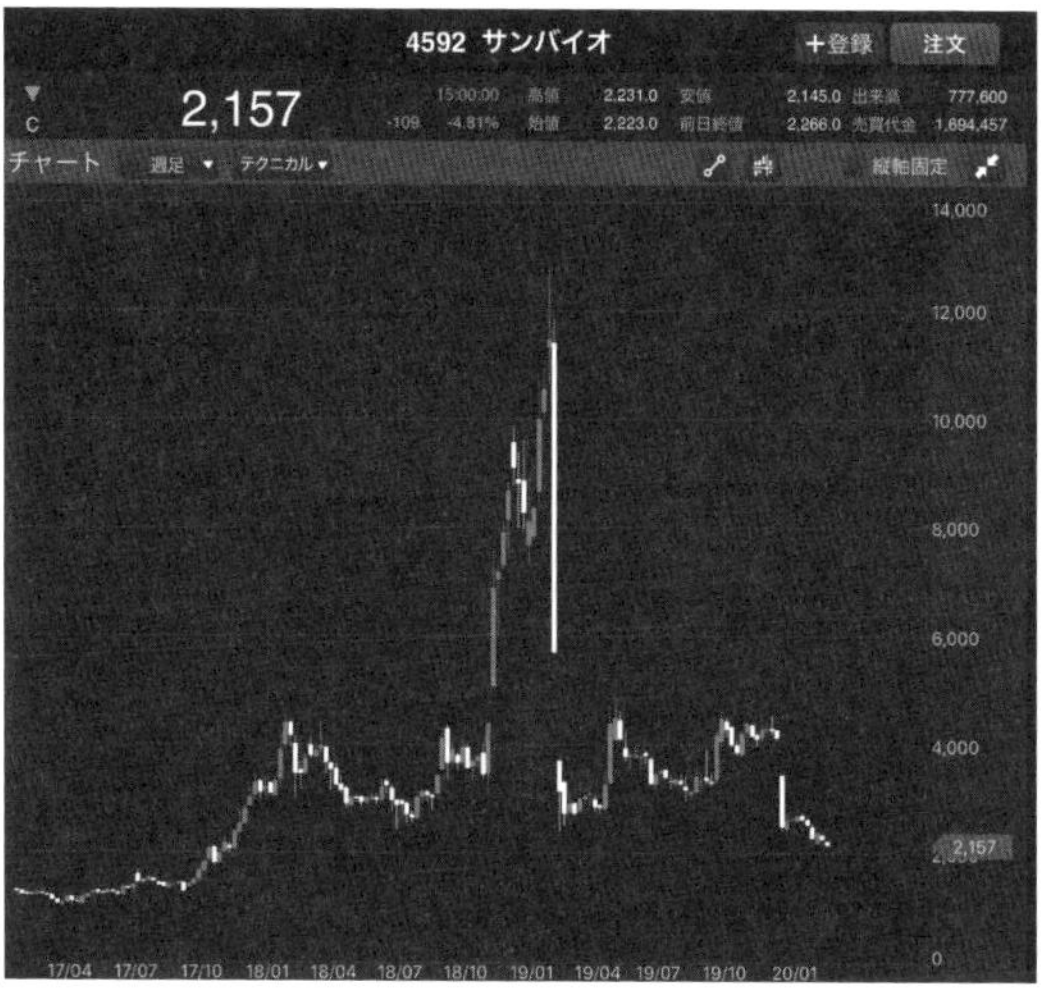

▲サンバイオの週足チャート。たった2週間で1万円近く株価が下落した

及ぼし、短期間で株価が何倍、何分の一になるような動きをすることがありますし、**思惑通りに動けば利益の額も大きくなりますが、そのぶん、最悪のケースでは損切りできなくなる、というリスクを抱えることになります。**

チキンレースでの取引は非常に危険

信用買いの例ですが、バイオ銘柄の一つであるサンバイオは、２０１９年の年初に天井付近から数日ストップ安が続き、売りたくても売れずに大きな損失を出した投資家が多くいました。

チャートを見るとストップ安直前まで急騰していたことから、そのタイミングで逃げられた投資家は大きく利益を得られたようですが、そこから新規で買った人達は、信用取引であれば数日で、一瞬にして追証になっているでしょうし、一度ストップ安になってしまうと、何もできないまま、ただ含み損が増えていくのを見ているしかありません。そのような意味で、小型株は、価格が乱高下すると最終的には誰かが大きく損をする「チキンレース」になりやすいですし、その意味であくまで「リスクとリターン」を考えるのであれば、少しのきっかけで株価が大きく変動するものは、避けた方がいいと言えます。

第4章

【実践】高沢式空売り解説編

いよいよ高沢式の空売り実践です。高沢式はリスクを最小限に抑える投資法で、エントリーが速い遅いではなく、確実なところを狙っていく手法なのでその点はしっかりと理解しておきましょう。

1 移動平均線を利用した高沢式「WS（ホワイトスネイク）投資法」

移動平均線をどのように使っていくのか

さて、ここからは高沢式トレードで実践しているテクニカル分析の方法を、それぞれのテクニカル指標ごとに解説していきます。まずは「移動平均線」についてです。

移動平均線については先ほども少し触れましたが、重要なのは**「反発が確定するポイント」**をいかに探すのかという点です。そのポイントを探すために私がどのような考え方をしているのかを解説していきます。

基本的に移動平均線を使って取引する際には「3本の移動平均線」を表示させています。それぞれ、「短期」「中期」「長期」と数字が短い順に、

短期線
中期線
長期線

と呼んでいます。この3本の線は、通常、楽天証券のツールでは5、25、75の順で設定されていますが、有効なパラメーターというのはその時々の相場で微妙に違ってくるので、まずは効果のあるパラメーターを設定しないと意味がありません。「まえがき」で紹介したLINEでは、有効に機能するパラメーターの設定方法を解説しているので、必ず事前に確認しておいてください。

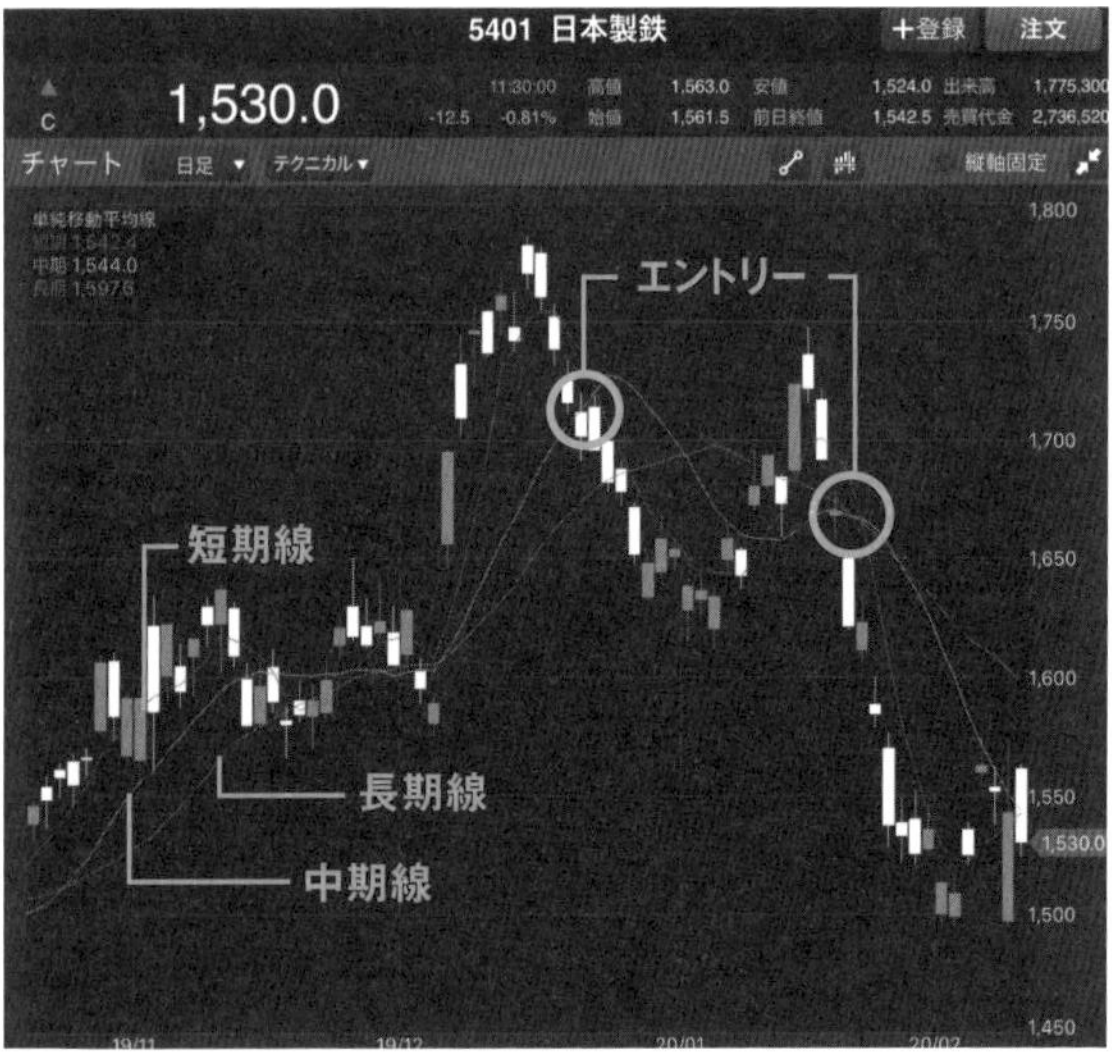

▲ 日本製鉄の日足にWSを表示させたチャート

次の画像は短期から長期までの線をそれぞれ表示した、日本製鉄（５４０１）の日足チャートで、高沢式トレードにおけるわかりやすい空売りのチャンスが出ています。

ここまで、しっかりと前置きしましたが、取引ルール自体は非常にシンプルで、先に具体的なエントリーポイントをお伝えしておくと、チャート上で○をつけた部分です。

つまり、空売りであれば「短期線が中期線を下抜けたところでエントリー」ということです。

ルール自体はシンプルですが、一度「なぜここでエントリーするのか」という理由を考えてみたいと思います。

空売りで入る場合にどこを狙うのかというと、「買っている人が利確するタイミング」です。その視点でみると、先ほどのチャート上で買いの利確が集中しそうな動きが出ているのは、2019年12月に1600円からの上昇と、2020年1月に1650円から上昇したタイミングです。ここでまず注目すべきは短期線で、この移動平均線は比較的、短期間の価格の平均値を示すことになります。

となると、先ほど「移動平均線自体が相場において意識されやすいテクニカル指標だ」と説明しましたが、**ここではまさに、短期線が、短期間の上昇を見込んだ投資家にとって「下抜けたら利確しよう」と考えるラインとして意識されていることがわかります。**

ただ、そうした背景があるとはいえ、短期線が示すのはあくまで短期間の相場の平均値であることから、短期的な投資家が利確して相場から抜けても、それよりも長い時間軸で投資している人にとっては安く買えるチャンスになりますし、そこから価格が伸びていくことは頻繁にあります。

そこで、判断に必要な根拠を増やすために、短期線よりも長い期間の移動平均線を表示することで、同じように複数の期間で取引している投資家の利確のタイミング（＝空売りのタイミング）を知る必要があります。これが短期線、中期線、長期線を表示している理由です。

つまり、中期線や長期線にしても、短期線と同じように「この移動平均線を下抜けたら利確しよう」と考えている人が意識しているラインを知るという目的で使っています。

その意味で、先ほど示した2つのエントリーポイントはどちらも短期線と中期線が交差しているポイントで、これは投資の教科書でもよくある売りのサイン、「デッドクロス（DC）」と言い換えることもできますが、重要なのは「デッドクロス＝売り」

という点でなく、**短期線の下抜けを見て相場が短期的に売りに傾いた後に、中期線の下抜けで相場心理が更に強く売りに傾きやすいポイントが、そのまま短期線と中期線のクロスとなるという考え方そのものなのです。**

ただ、長期線に関しては、例えば日足で考えるとおおよそ約1ヶ月分、どちらかと言えば中期的な値動きを示しているとも言えます。**つまり、エントリーは短期線と中期線のクロスで判断し、更に中期線が長期線を抜けるようであれば、経験則的に大きな値動きにつながりやすいと判断しています。**

これが、先ほどの画像で示した○の部分でエントリーした理由です。**高沢式トレードではこの３本の移動平均線を使ったエントリー方法を「WS（ホワイトスネイク）」と呼んでいます。**

2 WSを使ったエントリー

先ほどはWS（ホワイトスネイク）について急ぎ足で説明したので、もう一例、WSを使った空売りエントリーの好例を見ていきましょう。

次のページにある画像は、楽天（4755）の2019年6月〜10月の日足チャートです。

チャートの前半部分は上昇トレンドが続いていましたが、6月後半にかけて三尊の

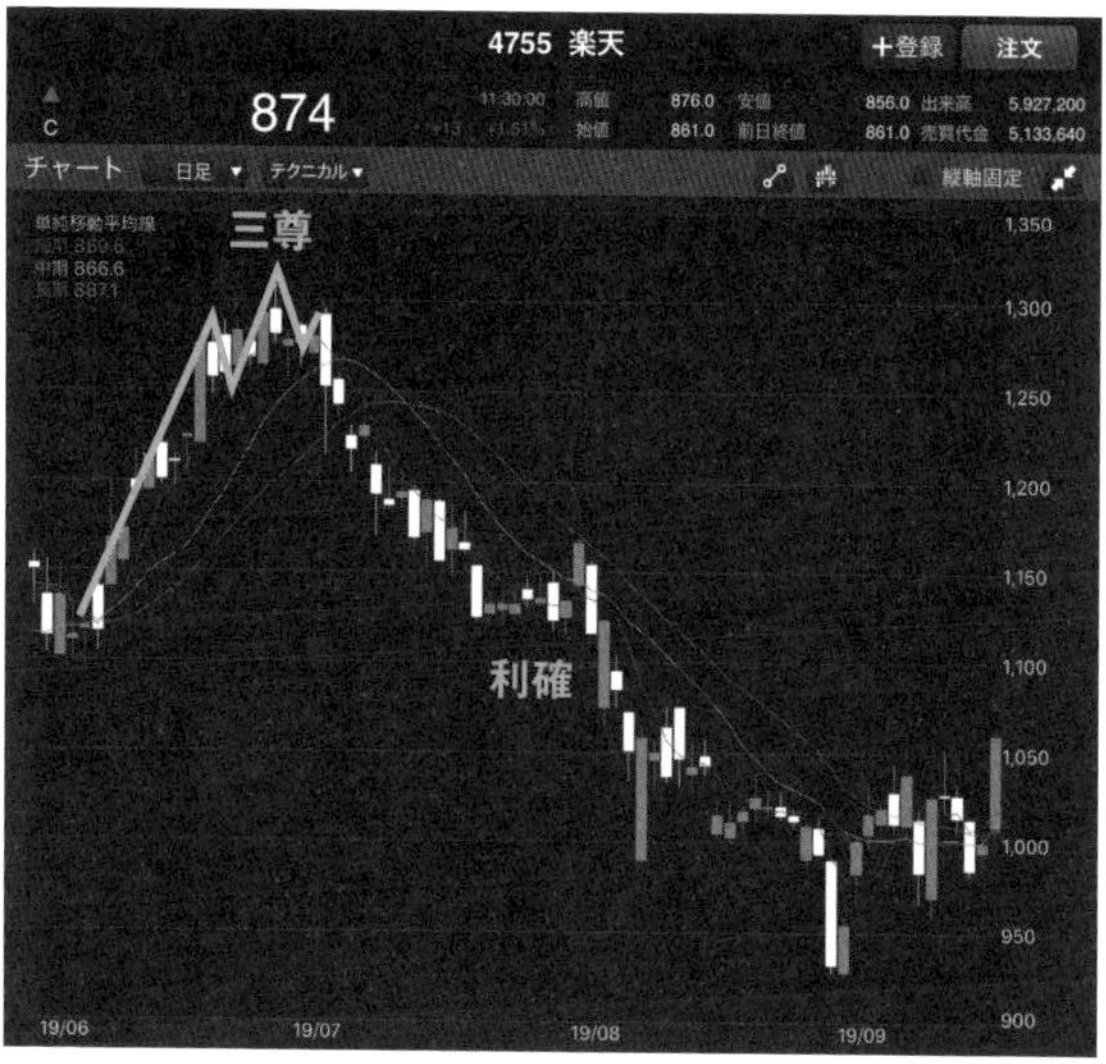

▲楽天の日足チャート。

チャート形状になり、７月に入った最初のローソク足で大きな陰線を付けて以降、そこからしばらく下降トレンドが続きました。

すでにチャートには、ＷＳで使用する３本の移動平均線を表示させてありますが、エントリーポイントは示してありません。一度ここで私と一緒に、改めて「ＷＳのルールであれば、どこで入るのか」を考えてみましょう。

おさらいになりますが、ＷＳでは表示させた３本の移動平均線のうち、「短期線が中期線を下向きにクロスするポイントで空売りを行う」というのがエントリーのルールです。

その視点でチャートを見ると、6月終盤で1380円付近の高値を付けた時点では、まだ短期線が上向きでしたが、そこからローソク足3本ができる間に、徐々に横ばいになってきています。

そして、7月1日に大きな陰線ができることによって短期線は下向きに変わり、すぐ下にあった中期線を下向きにクロスしました。

クロスが確定するタイミングを見極める

つまり、WSのルールではここがエントリーポイント（次のページのチャート上に○で囲ってある箇所）となるのです。ただ、値動きをリアルタイムで見ている場合、移動平均線は一度クロスしたように見えても、値動きに合わせて微妙に動くこともあるので、クロスしたローソク足が確定、もしくは確定した次のローソク足が陰線で始

▲エントリーは短基線が中期線を下向きにクロスしたポイントとなる

まるような場合にエントリーした方がよい場合もあるので、その点は注意が必要です。

3 WSを使った利確

WSの利確はエントリーよりも厳密に行う

また、WSにおけるエントリーのルールは、短期線と中期線のクロスでしたが、**利確は次の画像に○で示したように「ローソク足が短期線を胴体部分で上抜けたら」です。**これは「エントリーよりも利確を厳密に行いたい」という理由からで、先ほどの考え方でいえば、

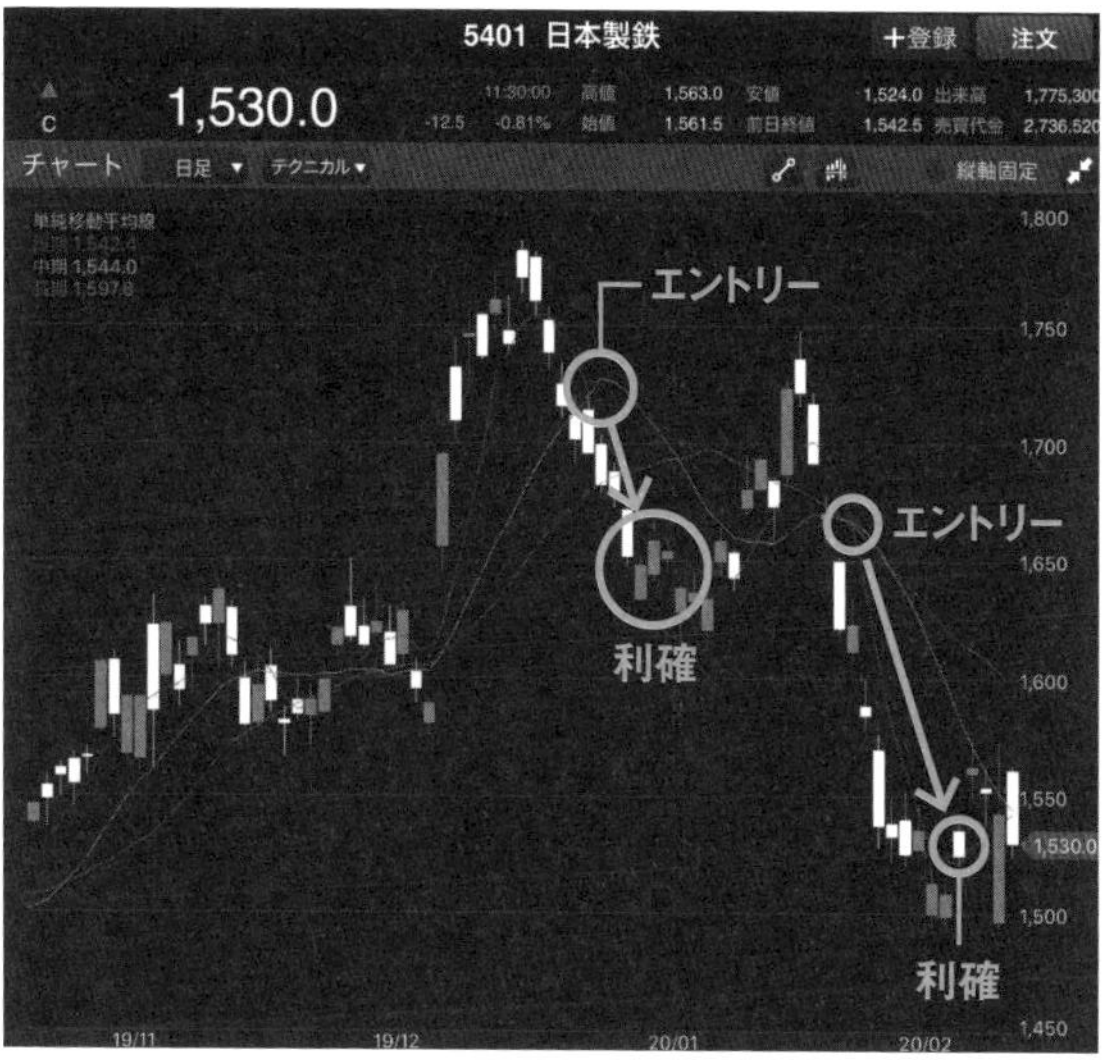

▲ WS での利確ポイント

エントリー＝短期線はすでに下抜けていて、中期線も下抜けることで買いの利確が強く出始めるポイント

なのに対して、

利確＝短期線で短期的に買われ始めるポイント

という違いがあります。

つまり、短期的な相場の動向が上向きに変わった時点で早めに利確で

きるように、基準として短期線を活用しているということなのです。

ＷＳを使ったエントリーについてもう一例見てみましょう。こちらは楽天（４７５５）の２０１９年６月～９月の日足チャートです。エントリーポイントは◯で囲った箇所です。

６月に１１００円から１３００円まで買われていて、その前後で徐々に短期線を下抜け始めていて、短期的な流れとしては利確が出ていることがわかります。その流れが決定的になったのが下ヒゲが出ている矢印のローソク足で、翌日のローソク足が陰線で終わり、短期線が中期線を下抜けたことでＷＳにおけるエントリーポイントとなったのです。

想定通りいかない時の備えは必ずしておく

ちなみに、エントリーの典型的な例を見てもらうため、先ほどの楽天や日本製鉄の

▲ P133、楽天のチャートの利確ポイント

チャートでは短期線が中期線を下抜けた後、綺麗に下げていて理想的な形になっていますが、**場合によっては短期線を中期線がクロスしても長期線が壁になって、すぐに短期線を上抜けることはよくあります。**

WSは私が検証を重ねた結果、勝率が高いと確信するエントリー手法ですが、裏を返せば「負けることもある（＝損切りになることがある）」手法ですし、当然そうなった場合の備えはしておかなければなりません。

そのために、短期線と中期線のクロスでエントリー後、すぐ反転した場合も必ず短期線を上抜けたら決済（買い戻し）するようにするのはもちろん、**判断が遅くなった場合に備えて中期線付近に逆指値注文を出しておくといいでしょう。**

短期線をローソク足の胴体で反転した時点で決済しておけば、例え含み損になっても損失は最小限に留められますし、逆指値を置いておけば、含み損が最大限に膨らんでも、想定内で済みます。

4 高沢式ボリンジャーバンド

ボリンジャーバンドをどのように使っていくのか

さて、次は高沢式トレードにおいて、メインで使っているもう一つのテクニカル指標、**「ボリンジャーバンド」**で空売りのタイミングをつかむ方法を解説していきます。

ボリンジャーバンドについては移動平均線と並んで有名なテクニカル指標なので、

どのようなものか知っている人も多いかと思いますが、念のため解説しておきます。

ボリンジャーバンドはそもそもが「移動平均線をアレンジしてできたテクニカル指標のうちのひとつ」で、アメリカの統計学者、ジョン・ボリンジャー氏によって開発されました。

次の画像にあるローソク足以外の線がボリンジャーバンドで、一般的には合計7本の線を表示させます。

この線にはそれぞれに名称があり、中心の線から見て下側にある線を近いものから-1σ、-2σ、-3σ、中心にある線から見て上側にある線を、近いものから+1σ、+2σ、+3σと呼びます。

また、この中心にある線は、先ほどまで解説してきた移動平均線そのもので、どのように見るのかという点も全く同じですが、一般的にはボリンジャーバンドの説明がされる文脈ではこの線のことを**「中心線」**と呼ぶことが多いので、本書でもそのよう

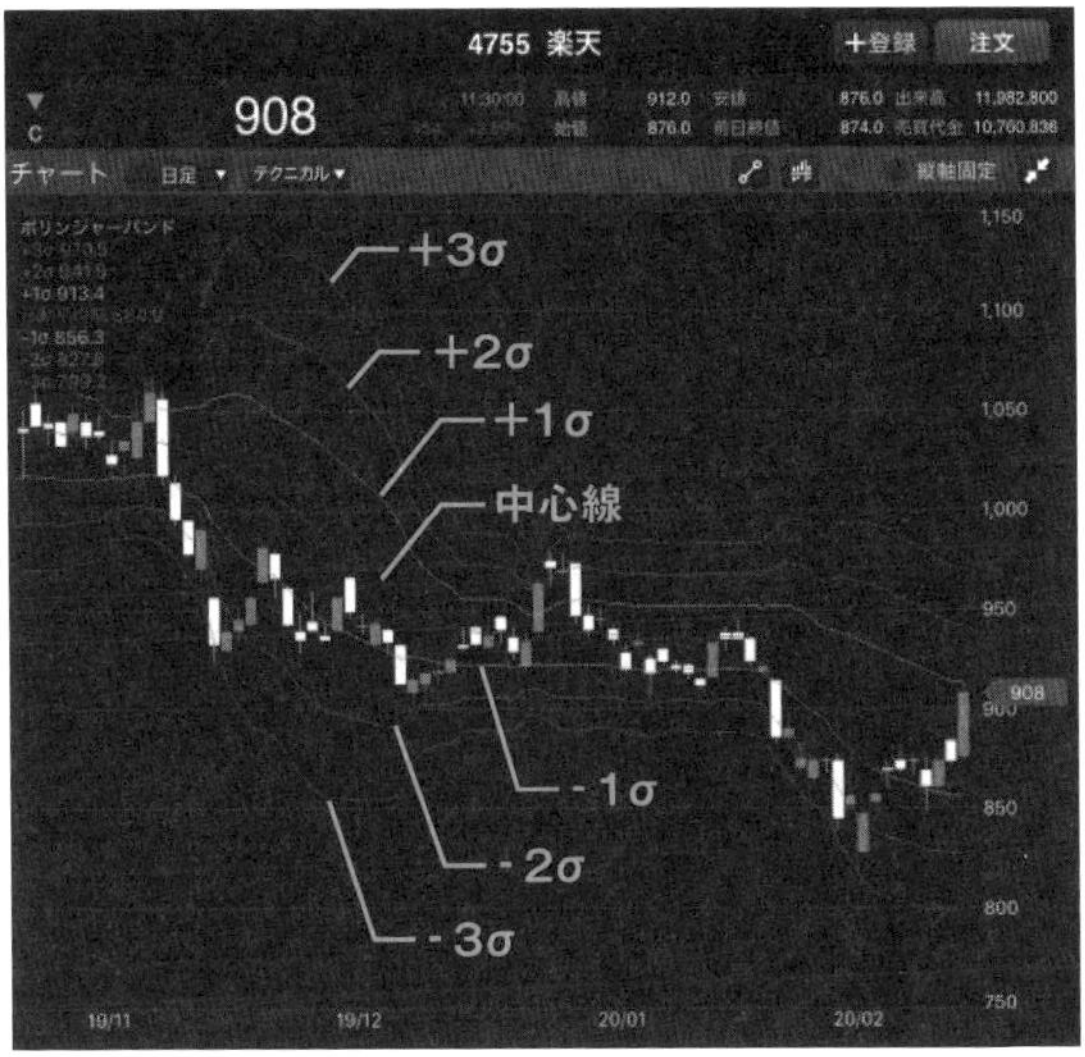

▲ボリンジャーバンドを表示させたチャート

に呼びます。

つまり、ボリンジャーバンドは「移動平均線（中心線）＋上下６本の線」の組み合わせたテクニカル指標とも考えることができます。この上下６本の線は移動平均線を基に算出された数字をチャート上に表示しているのですが、計算式そのものは、他の書籍などでも沢山解説されていますし、本書では解説を省きます。

重要なのはこれらの６本が何を示しているのかという点ですが、端的に説明すると「値動きの幅を視覚

化」しています。どういうことかというと、6本の線は「**統計的に、価格がその線の中に収まる確率**」を示していて、それぞれ

±1σの中に収まる確率＝約68・3％
±2σの中に収まる確率＝約95・4％
±3σの中に収まる確率＝約99・7％

となっており、先ほどのチャートを見てもわかるように、値動きの上下問わず、急な動きがあった時でも、よっぽどのことがなければ値動きは±3σの中に収まる、ということなのです。

高沢式トレードでボリンジャーバンドを使う場合、先ほど説明した「値動きはほとんどの確率で±3σの中に収まる」という特性を使って、**チャート上で価格が「反発する（＝買ってきた投資家が利確する）タイミング」を見極めています。**

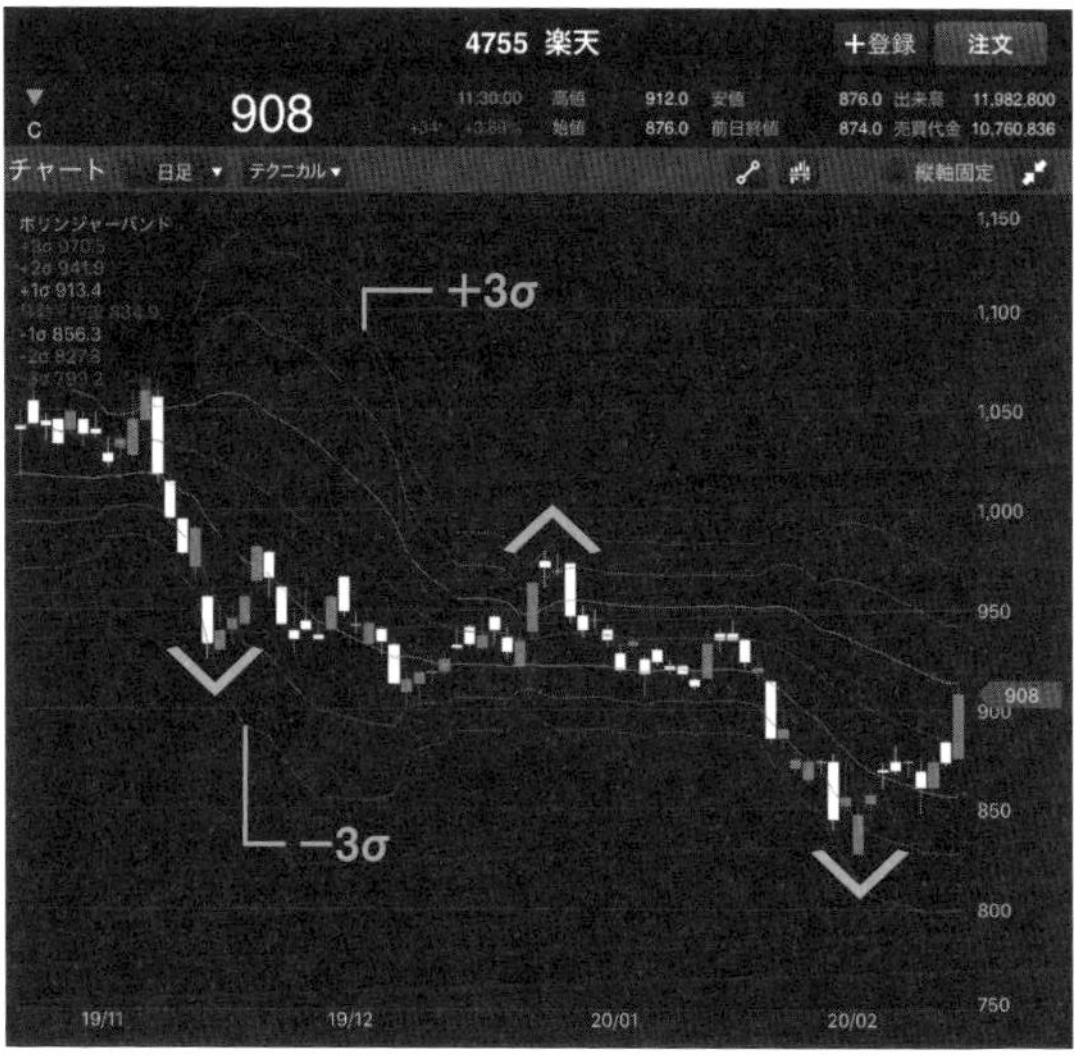

▲急騰・急落した場合でも、±3σで反発している

詳しく説明すると、「ほとんどの値動きが±3σを超えない」という前提があるのであれば、「例え価格が急騰しても+3σを超えることはほとんどない」、と言い換えることができます。そうすると、下から買っている側からしても、その特性を知っている場合、「+3σを超えないのであれば、その手前もしくはタッチしたら利確するか」と考えますし、新規で空売りする側も「+3σを超えないならば、その付近もしくはタッチしたら空売りするか」と考えるのが自然です。

そもそもボリンジャーバンド自体が移動平均線に匹敵するほど有名なテクニカル指標ですし、その特性も市場で多くの投資家に共有されている情報です。

つまり、ボリンジャーバンドそのものは絶対的な指標ではないので、価格に影響することはありませんが、**取引する人達が「ほとんどの確率で値動きは+3σの中に収まる」という特性を共有しているからこそ、+3σが意識されて、急騰した価格が+3σで反発するという現象が起こるのです。**

5 高沢式ボリンジャーバンドを利用した空売りテクニック

高沢式トレードでは、このボリンジャーバンドの特性を利用して、空売りを行う際には反発を狙っていきます。

ただ、ボリンジャーバンドのエントリー・利確ポイントについては独自の基準があるため、それらをここから説明していきます。

先ほどまでは、あくまで一般的な考え方を説明するためにあえて±3σまでの線を表示していましたが、高沢式では±3σを表示させていません。つまり、ボリンジャーバンドを使う時にはチャート上に±2σまでしか表示していないということです。

というのも、私の取引に対するスタンスとして、**「極力チャートはシンプルにしておく」**という信念があり、それを踏まえてボリンジャーバンドについて考えた時に、価格が収まる確率は±2σで約95・4%、±3σで約99・7%ですが、ここに大きな差はありませんし（もちろん統計学としては4～5%は大きな違いですが、あくまでチャート分析においてという意味です）、±2σを重視するという考え方から、±3σのラインは表示させていません。

また、WSと同様に、ボリンジャーバンドもパラメーターの設定が重要になってきます。ボリンジャーバンドで変更できるのは中心線のパラメーターのみですが、この数値が変化すると形状に大きな変化が出るので、相場に合わせて適切なパラメーターを設定する必要があります。こちらも設定方法については本文冒頭の「まえがき」から確認してみてください。

6 高沢式ボリンジャーバンドのエントリー

さて、次はエントリーについてです。次の画像は明治ＨＤの２０１９年９月〜年末までの日足チャートです。

チャート上には先ほど解説した高沢式の設定（±2σまでを表示）に変更したボリンジャーバンドを表示しています。

このチャート上でエントリーに適したポイントは○で囲んだ箇所なのですが、なぜ

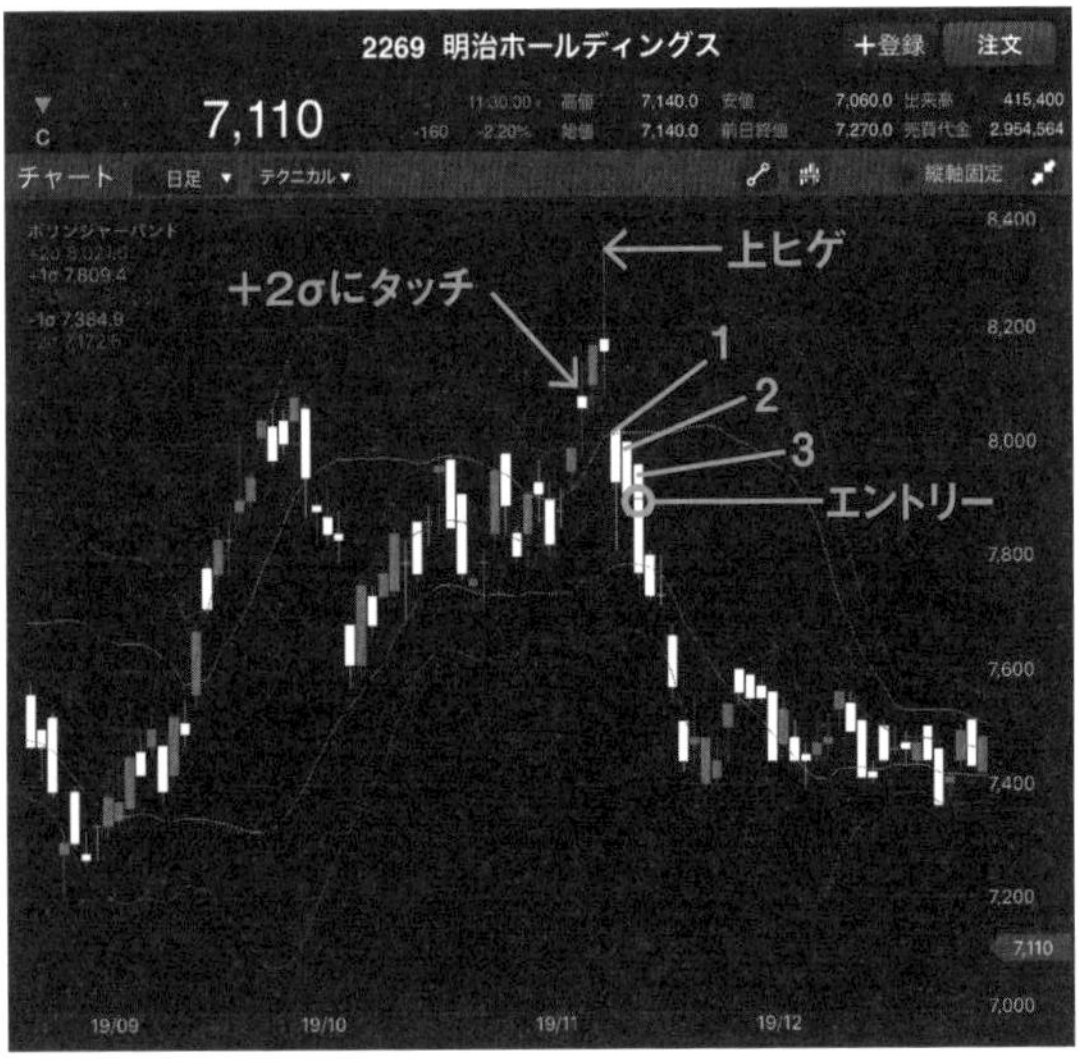

▲高沢式ボリンジャーバンドのエントリーポイントを表示させたチャート

そのような判断をしたのかを順を追って考えてみましょう。

まず、10月の段階で7600円の安値をつけた後に、反転して上下しながらではありますが、徐々に前回高値の8000円付近まで上げてきました。すでに7600円付近で買っている層は、どこで利確するかを考える段階になってきていますが、8000円を超えるか超えないかで攻防があり、方向性がない状態がしばらく続いてます。ここでボリンジャーバンドを見ると、10月末に向けて狭い幅で価格の上下が続いたことで、徐々に上下の幅が狭くなってきていましたが、11月に入ってすぐに上昇が始まり、その勢いで+2σを超えて一時8300円まで一気に上昇しました。

先ほど「価格が±2σを超えることはほとんどない」という言い方をしましたが、この時はまさに「例外的（約4・6％）な値動き」が起こっていることがわかります。

最初に+2σを超えたローソク足から、3日続けて+2σを超える動きが出ていることからも、例外的な動きが起こっているということは、それだけ価格に勢いがあるということで、教科書的にはよく「+2σにタッチしたら空売り」と教わりますが、これをやると痛い目を見ることになるので注意してください。

つまり、ボリンジャーバンドの特性を利用するにしても、本当に狙うべきなのは「一度+2σにタッチ（もしくは上抜け）した後、+2σに戻ってきて下がり始めるタイミング」なのです。より具体的にこのタイミングをお伝えするのであれば、

「+2σをタッチ（もしくは上抜け）した後、上ヒゲをつけたローソク足を0として、そこから3本目のローソク足が陰線になればエントリー」

ということで、これがボリンジャーバンドを使った高沢式トレードでエントリーする際のルールです。

○の位置を見るとわかりますが、**このルールに従ってトレードすると、上昇の天井ではなく、下げがある程度確定した後（=反発が確定）に空売りすることになるので、天井で空売りするよりも期待値の高いトレードを行うことができる、というメリットがあります。**

7 高沢式ボリンジャーバンドの利確

次は利確についてお話しします。先程の○のポイントでエントリーできたとして、8000円付近から数日で一気に下落しましたが、ボリンジャーバンドでのトレードルールとしては一度7500を割ってから少し戻した○のポイントで利確です。

言葉にすると「陽線が−2σを胴体で上抜けたタイミング」ということになるのですが、エントリーよりも利確のタイミングの方を厳し目にしているのはWSで説明した

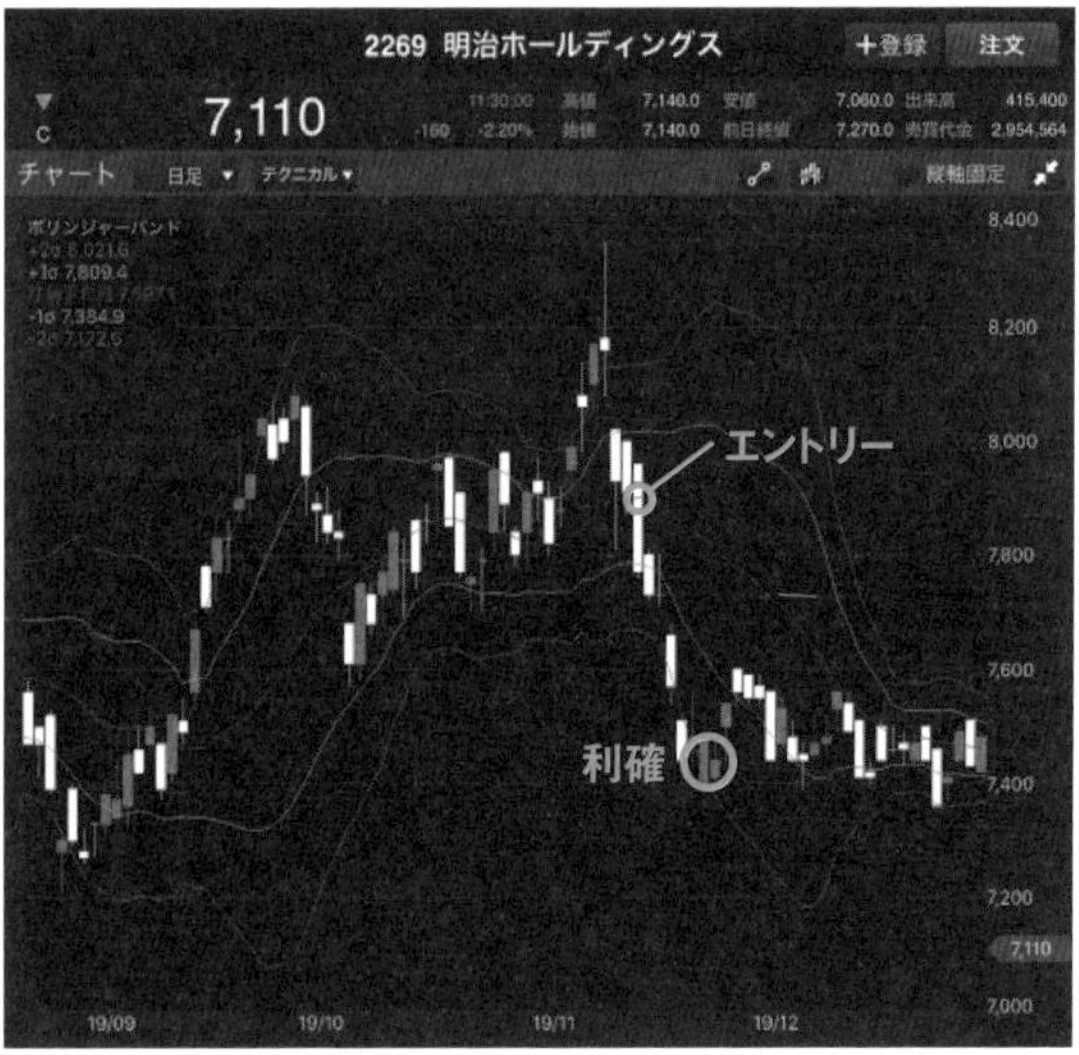

▲利確のポイントを表示させたチャート

のと同じ考え方ですし、もう一つ付け加えるとすれば、**いくら含み益が出ていても、確定させなければ手元の資金は増えません（「含み益は幻想」）**。その意味で、早めの利確を心がけているのです。

　また、上記のポイントで利確しそびれた場合は－1σを超えたところで利確しましょう。－2σまでの動きは短期の下向きのトレンドなので、一度反発した後に再度下降する可能性はありますが、－1σを超えてしまうと本格的にトレンド転換する可能性が高くなってしまうためです。

以上が高沢式トレードで使っている、ボリンジャーバンドを使った空売りポイントの見極め方です。ボリンジャーバンドとWSはどちらもメインとして使っていて、どちらも得意な状況・不得意な状況があるので、場面によって交互に表示するなどして使い分けると良いでしょう。

エントリーポイントが重なると、強い根拠になる

余談ですが、ボリンジャーバンドとWSという別々のテクニカル指標を使っていて、エントリーポイントが重なるケースがあれば強い根拠となります。

先程の明治HDの11月からの下落はまさにその例で、ボリンジャーバンドでエントリーのポイントとしていた○の箇所を、WSを表示したチャートで見ると、短期線と中期線がクロスしている箇所と重なっていることがわかり、空売りの根拠としてはより強いものとなっています。

慣れないうちはWSもしくはボリンジャーバンド、どちらかの方法を中心にチャー

▲先ほどと同様の明治HDのチャート。WSとボリンジャーバンドのポイントが重なっている

ト分析をしていけばいいですが、**上記のような例もあるので、できれば2つの視点でチャートを分析できた方が、トレードの効率が上がります。**

さて、ここまでWSとボリンジャーバンドという、高沢式トレードにおいてメインとなる2つのテクニカル指標の使い方を解説してきました。基本的にこの2つどちらかを使いこなすだけで、空売りのタイミングというのは掴めるようになると自信を持って言えます。

8 【上級編】RCIを使って、さらにトレードの根拠を探す

トレードというのは究極の話、「いかに期待値の高いポイントで根拠を持ってエントリーできるのか」という、この一点が重要です。**そのためにWS（ホワイトスネイク）やボリンジャーバンドが「メイン」とするならば、その「補助」としてよりトレードの正確性を上げるために使っているのが「RCI」というテクニカル指標です。**

RCIは「オシレーター系」に分類されていて、大枠で言えば**「値動きの強弱」を表すテクニカル指標です。**

RCIは「切り下げ」と「0ライン」に注目

テクニカルアナリストなどの資格取得を目指すのであれば、こうした仕組みを深く理解しておく必要がありますが、本書でのこれらの目的は「どのように利益につなげるか」です。

そのために最も重要なのは「高沢式トレードではどのように使っているのか」という点なので、そちらを優先して進めます。

ＲＣＩをボリンジャーバンドもしくは移動平均線が表示されているチャートに追加してみましょう。問題なく追加できれば次の画像のようにローソク足のチャートのＲＣＩが表示されるはずです。

表示されたら、実際に分析する方法を説明していきます。

ＲＣＩは主に、

・山になっている線の切り下げ
・０ラインよりも上か下か

の２つのポイントを見ていきます。

まず、最も重要なのが「山になっている線の切り下げ」で、ローソク足のチャートに○で囲ってある箇所を見てください。こちらはＷＳを表示したもので、短期線が中期線を下抜いていることから、エントリーポイントになっていることがわかります。

メインのテクニカル指標（ＷＳ）でエントリーの条件をクリアしているので、基本的にはこれだけでもトレードできますが、ＲＣＩを合わせることで「ここが買ってきた投資家の利確ポイントだ」と判断する根拠を強化することができます。

視線を下に移して、ＲＣＩを見てみましょう。**基本的な仕組みとして「買われすぎ**

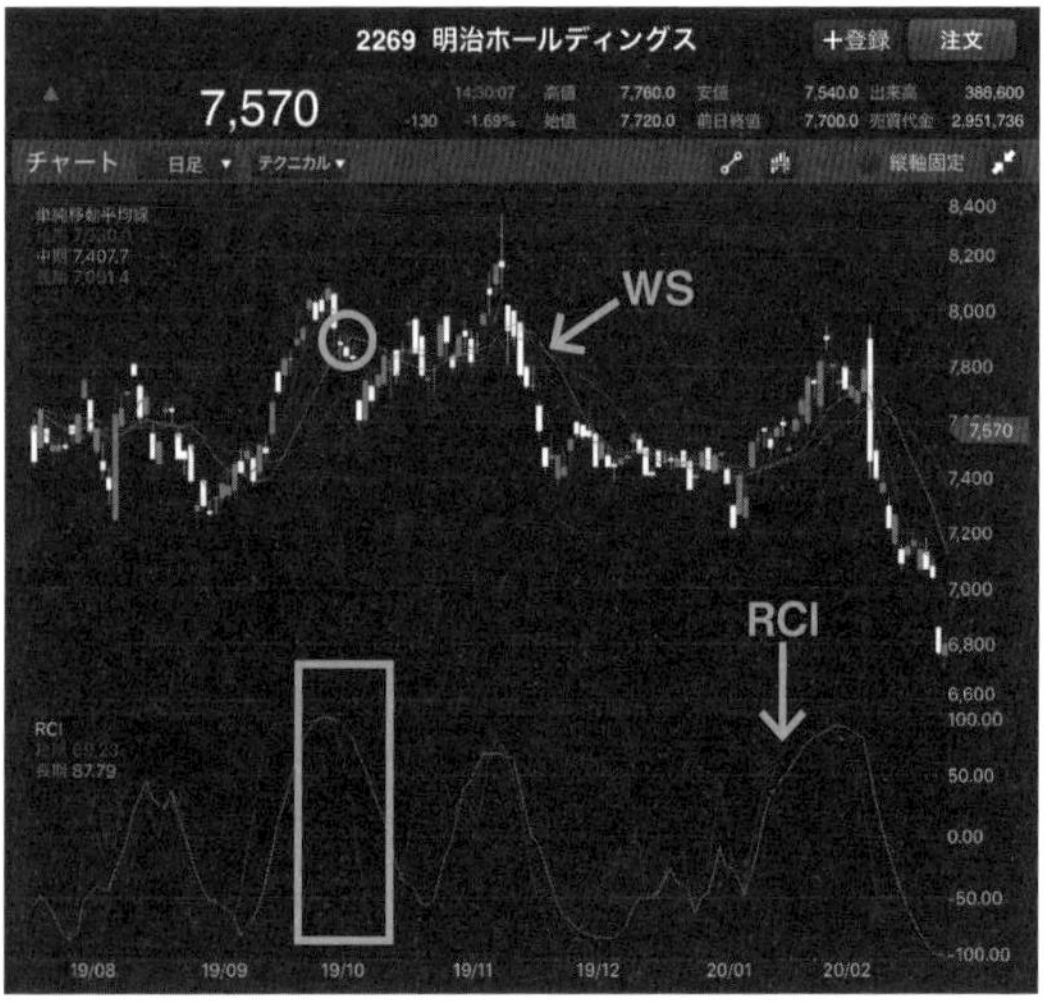

▲ MACDとRCIを表示させたチャート

ていれば0ラインよりも線が上昇していき、逆に売られすぎていれば線が下降していく」という特性を持っているので、その視点でグラフを見ると、9月前半ごろから徐々に上昇していて、中盤ではすでに0ラインを超えて動いています。

つまり、**このチャート上では9月前半からすでに価格は上昇傾向にあり、RCIを見ると、9月中盤で100％近くに達していることから、この時点で「買われすぎ」の水準にあったということがわかるのです。**

ただ、ボリンジャーバンドの+3タッチが、必ずしも反転のサインではないように、仮に価格が「買われすぎ」の水準にあったとしても、上昇の勢いが強ければさらに価格が伸びていくことはよくあります。

しかし、「トレンドであっても価格は必ず上下を繰り返しながら動いていく」という言葉を再三書いてきましたが、そこまで買っている投資家にとってはいずれどこかで利確する必要がありますし、上昇トレンドが続いていても必ずどこかで、下げるタイミングがあります。WSではそのタイミングを短期線で分析しますが、RCIでは**「山の切り下げ」**を見ます。

0ラインより上にある状態で、
RCI↓100%付近から長期線が切り下げ

この条件に当てはまっている箇所を探すと、先程のチャートでは3つ該当しました。さらにWSでのエントリーポイントを追加してみると、

WSのエントリーポイント＋RCIの切り下げ

の位置が重なっていることがわかります。

つまり、WSだけで見ても短期線と中期線がクロスすることで、短期的に買っていた投資家の利確が発生しやすい状況というのがわかりますが、**それに加えてRCIを見ても、グラフが買われすぎから切り下げているため「相場の勢いが売りに傾き始めている状況」と分析することができ、絶好の空売りチャンスと判断できます。**

これがまさに**「根拠を増やす」**ということで、**そもそものWSを見ても、空売りの根拠としては十分ですが、そこにRCIという違う角度からの視点を入れることで、より自信を持って空売りができるようになります。**

この手法は普段、私自身が実際にトレードで使っているものですし、十分検証も

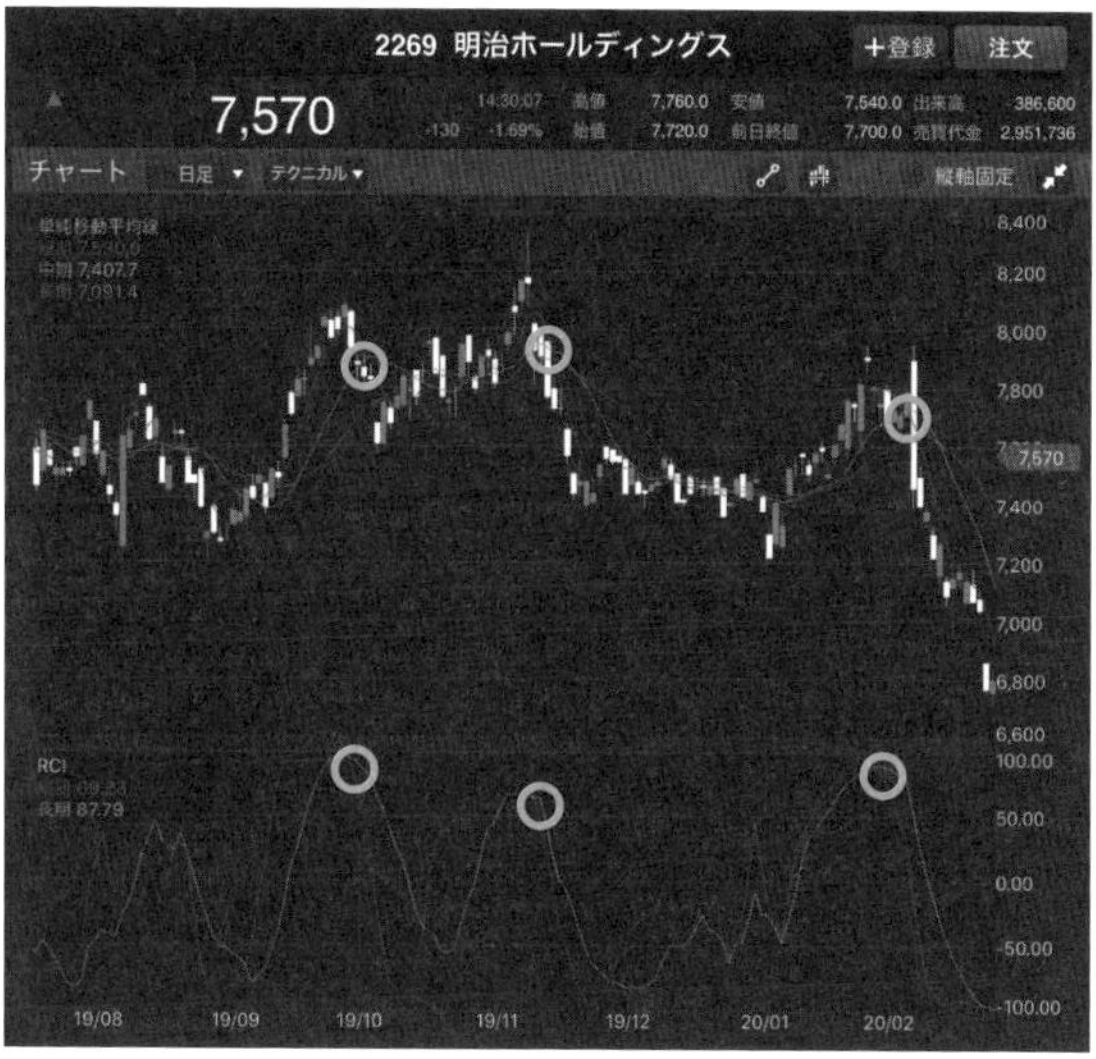

▲ WS ＋ MACD ＋ RCI のポイントが綺麗に重なっている

重ねているため、「期待値の高い手法」と言い切れますが、それでも100％勝てるわけではないので、当然損切りになることもあります。

ただ、そんな時でも、十分根拠がある上での失敗（損切り）であれば、相場がイレギュラーな動きをするケースがほとんどなので、心理的に撤退もしやすくなります。

一方で、「なんとなく」空売りのポジションを持った場合、「損をしたくない」という心理が先行してしまうため、どうしても損切りが遅くなりがち（もしくは塩漬けにしてしまいがち）です。その意味で、複数の視点からチャートを分析して、取引するルールを明確にしておくことで、「なんとなく」取引してしまう失敗を防止する、という役割もあるのです。

少し話が逸れましたが、以上が高沢式トレードにおけるＲＣＩの基本的な使い方です。また、ＲＣＩもＷＳやボリンジャーバンドと同様にパラメーターの設定が重要になってきます。こちらもＬＩＮＥで詳細を解説しているので、是非、参考にしてみてください。

ＲＣＩについては聞き慣れないテクニカル指標ですし、すぐに使いこなせるわけではないと思うので、**まずは先ほどの例のように、チャートに表示してみて、ＷＳやボリンジャーバンドのエントリーポイントと重なる箇所を探すところから始め、徐々に慣れていくといいでしょう。**

第5章

【実践】高沢式空売り例題集

4章では高沢式トレード手法を一通り解説しましたが、学んだ内容は何度も繰り返し過去チャートで復習することで使いこなせるようになります。本章では例題を通して、高沢式トレードをより深く理解していきましょう！

1 高沢式「WS（ホワイトスネイク）投資法」チャート解説①

高沢式は短い時間軸でも機能する

4章では高沢式投資で実践している、WS（ホワイトスネイク）とボリンジャーバンド、それぞれの具体的な使い方と、応用編としてRCIの使い方について解説してきました。

手法の解説としては過不足なくお伝えできたと思っていますが、**重要なのは、「学**

んだ手法を繰り返し過去のチャートに当てはめて検証し、自分がエントリー・利確する際の根拠として自信を持てるか」という点です。

そのためにも、この章では私が実際に行ったエントリーと利確の例を参考にしながら、WS・ボリンジャーバンドについてさらに理解を深めていってください。

▶短期線が中期線を下抜けたあと、シンプルに下方向のトレンドが出ている

まずはWSを使ったエントリー例を見ていきましょう。

上の画像はエイチ・アイ・エス（9603）の5分足チャートです。

その日の寄り付きから連続した陽線が続きましたが、1400円を達成したローソク足で陰線に変わり、長いヒゲを付けて上昇が一度止まりました。

こうした**「短い時間軸で一時的な急騰後の下げを狙う」**というエントリーも、WSの得意なパターンのひとつで、積極的に狙っていきたい場面です。ただし、こうした急騰後、一度価格が調整した後にさらに買いが入り、押し目をつけて上昇トレンドになるケースも多いので、3本の移動平均線の動きには注意が必要です。

チャートに戻ると、1400円を付けた陰線の後しばらく揉み合いになったことで、短期線が徐々に中期線に近づいてきて、価格も下げそうに見えますが、ここはWSのエントリーのルール「短期線が中期線を下向きにクロス」を思い出して、グッとこらえてください。

その後、10時に入って3本目までのローソク足は中期線の上で耐えていましたが、4本目の陰線で中期線を下抜け、その影響で短期線も中期線の下抜けが確定したの

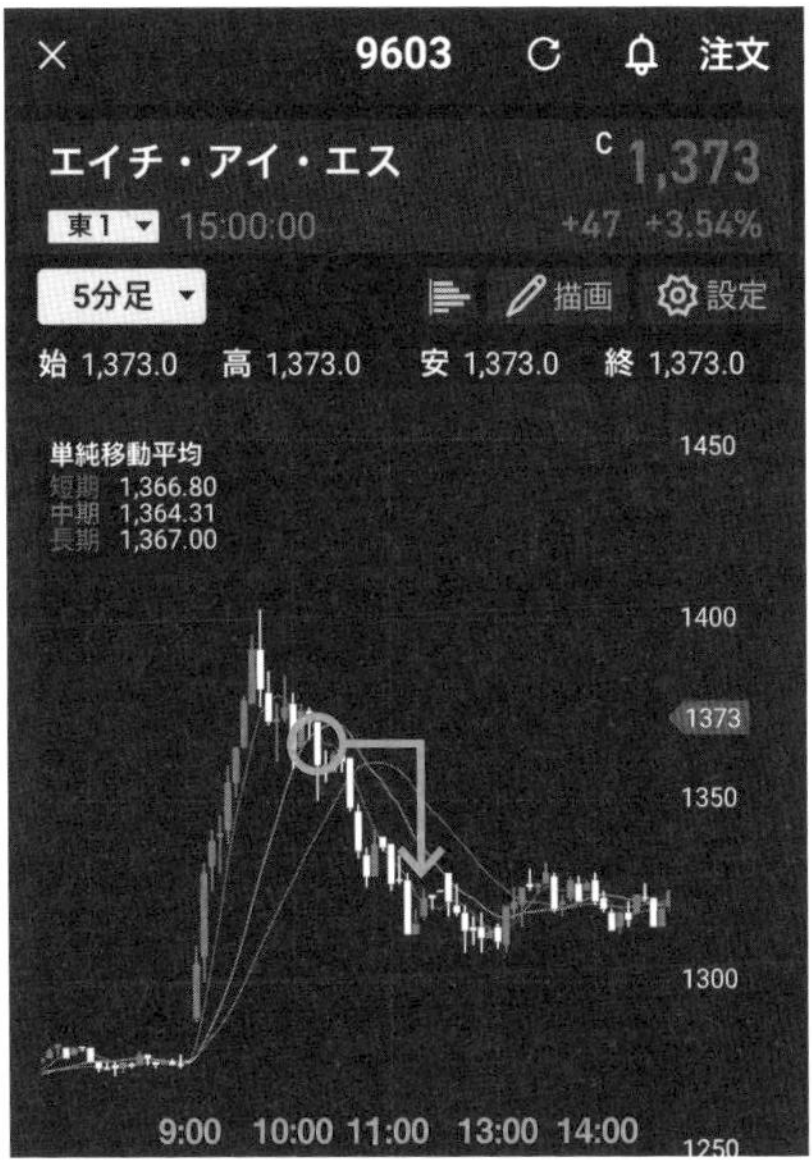

▲エントリー・利確ともに、ルール通りに実行すればトレンドの始まりと終わりを綺麗に取り切れている

で、ここがこのチャートでのエントリーポイントとなります。

ただ、エントリーできたとしても、この段階では短期的に買いが入って、押し目を作る可能性もまだありますし、そうなるとWSの決済（利確・損切り共通）ルールに照らすと決済する必要があるので、気を抜かずに推移を見守っていきましょう。

その後、想定通り1310円付近まで大きく価格が下げていますが、このチャートのようにWSでエントリー後、中期線が長期線を下抜けると経験上より大きな動きにつながることが多いので、覚えておいてください。

WSでは前述の通り**「エントリー後、短期線をローソク足が実体で上抜けたら利確」**なので、このチャートでの利確ポイントは次の画像に示した通り、○の場所となり、50円ほどの値幅が取れたことになります。

2
高沢式「WS（ホワイトスネイク）投資法」チャート解説②

次は、ダマシから再エントリーする例です。画像はネットマーケティング（６１７５）の日足チャートで、全体を見ると長期で下降トレンドが発生しているチャートとなります。

まず、値動きを見ると、前半部分に２０２０年1月に９００円を一時的に下抜けましたが反発し、１１００円付近まで戻しています。ここで表示した移動平均線に注目

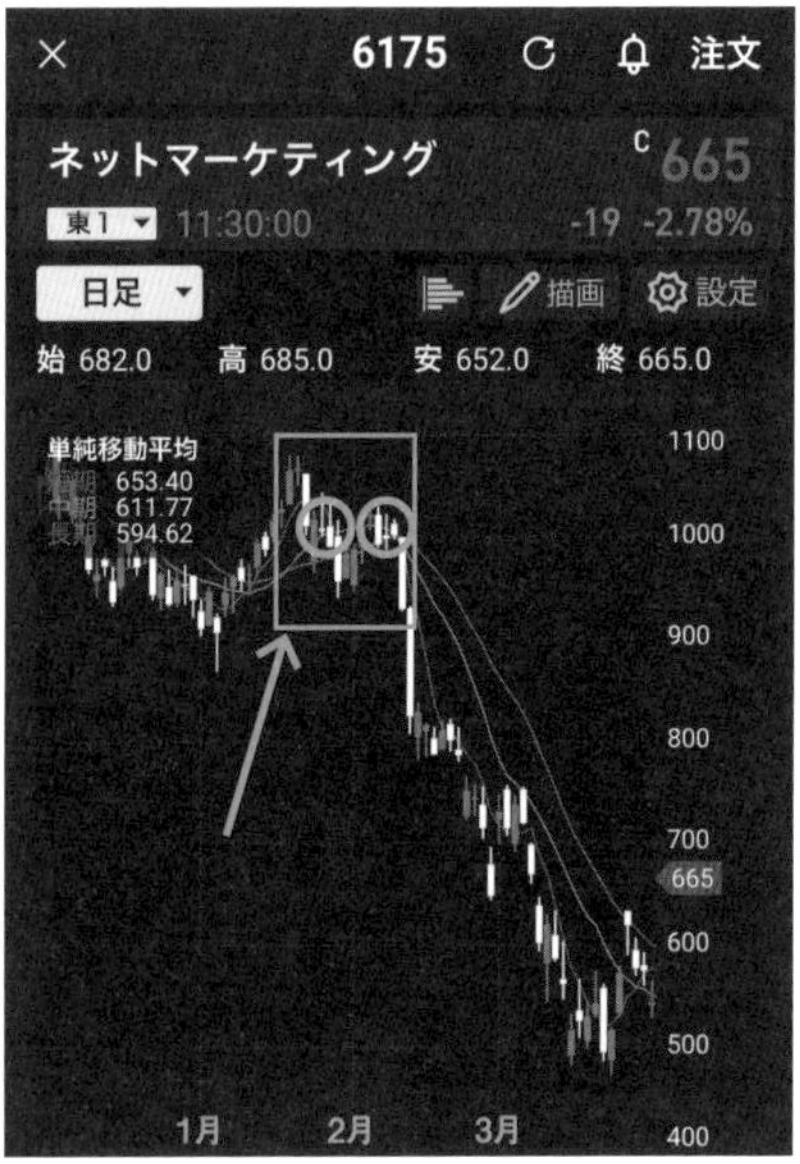

▶本格的な下げが始まる前に、一度ダマシが入っている点に注目

すると、900円から1100円付近までの反発（上昇）によって、短期線が中期線・長期線を上抜け、その後、遅れて中期線も長期線を上抜けてきたため、上から短期線－中期線－長期線の順に並んでいます。

WSを使った空売りのエントリー条件は「短期線が中期線を下向きにクロスしたタイミング」なので、ここで空売りを狙うのであれば、後は上記のタイミングを待つだけです。

裏を返せば、このチャートの前半部分で空売りをする場合、**実行する**

条件が整うのは矢印で示した場面のみとなり、この状態までエリアを限定した上で、いかに期待値が高いタイミング待てるかが、トレードの精度や収益に大きく関わってきます。

エントリー後、逆行した場合は比較的タイトに損切りを実行する

話を戻してチャートを見ると、1100付近の高値を付けた後、数本のローソク足で1000円を下抜ける値動きが出たことで、短期線が中期線を下向きにクロスしました。この時点で条件が整っているため、エントリーの場所としては適切ですが、チャートを確認すると分かるように、数本のローソク足で一度1000円まで戻した後に、本格的な下落が発生しています。

このように、WSで空売りのタイミングを計る場合、**あくまで短期と中期のトレー**

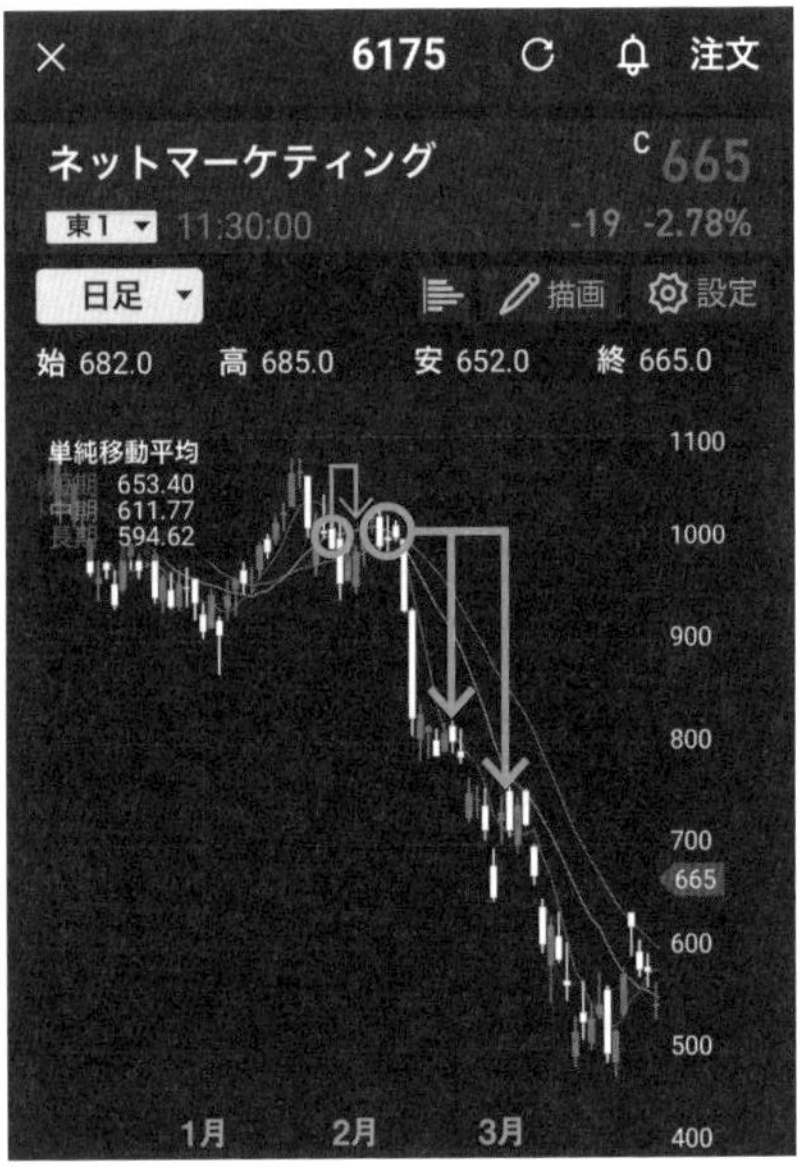

▶1000円付近から700円台までの値幅が取れていることになる

ダーの動向を反映したエントリーになるため、直後から含み損になるケースもありますが、もちろんその対応も想定しています。

ひとつは前述のとおり、エントリー後、2月に入って陽線が出て、短期線を実線で越えたら、利確のときと同じ考えで決済するという方法です。

決済の基準がかなりタイトに感じるかもしれませんが、この時点で決済していれば、ほぼ損益がトントン（もしくは微益）で撤退でき、その後、さらに価格が上昇してもその値動きは気にせずに済みます。この場合の決済注文は成り行きでも良いでしょう。
また、もう一つは、**中期線の少し上に逆指値を出しておく、という方法です。**先ほどよりも少し損失は出ますが、価格が急変した時などでも対応できるので、できれば先ほどの方法と合わせて、両方で対応するのが理想です。

つまり、WSはエントリー後に少し価格が逆行した場合でも、決済される仕組みになっているため、「厳しめの決済基準で損失を限定しつつ、大きなトレンドを狙う」という考え方を実行する取引手法とも言えます。
そのため、一度エントリーが失敗（もしくはトントン）で終わっても、再度条件が整えば積極的にエントリーを行えばよい、という考え方なのです。

実際、先ほどのチャートでも、2月初めに一度1000円まで戻していますが、その後、短期線が再度、中期線と長期線を同時に下抜き、そこから大きなトレンドが発生しており、ここが2度目のエントリーチャンスになったことがわかります。

利確に関して保守的に考えるのであれば、エントリー後、矢印の箇所のローソク足が実体で短期線を越えているので、このポイントで利確すればよいでしょう。WSの利確ルールに照らせば間違いないですし、1000円付近からの値幅を考えると200円近くは取れていることになるので十分です。

もしくはこの時点で半分利確しておき、下の矢印の箇所まで引っ張る、という手もありますが、あくまで発展的な考え方なので、まずはルールを徹底する方が優先です。

3 高沢式「WS（ホワイトスネイク）投資法」チャート解説③

ＷＳで行うトレード例の最後は５章の１と２でそれぞれ解説した状況を複合したようなチャートです。

前半部分は、ＷＳの条件が整っていても、上手く下向きの動きが加速せずに、２度ダマシになっていて、最終的に短期線が重なり気味になっている中期線と長期線を一気に下抜くことで、大きな下落につながりました。

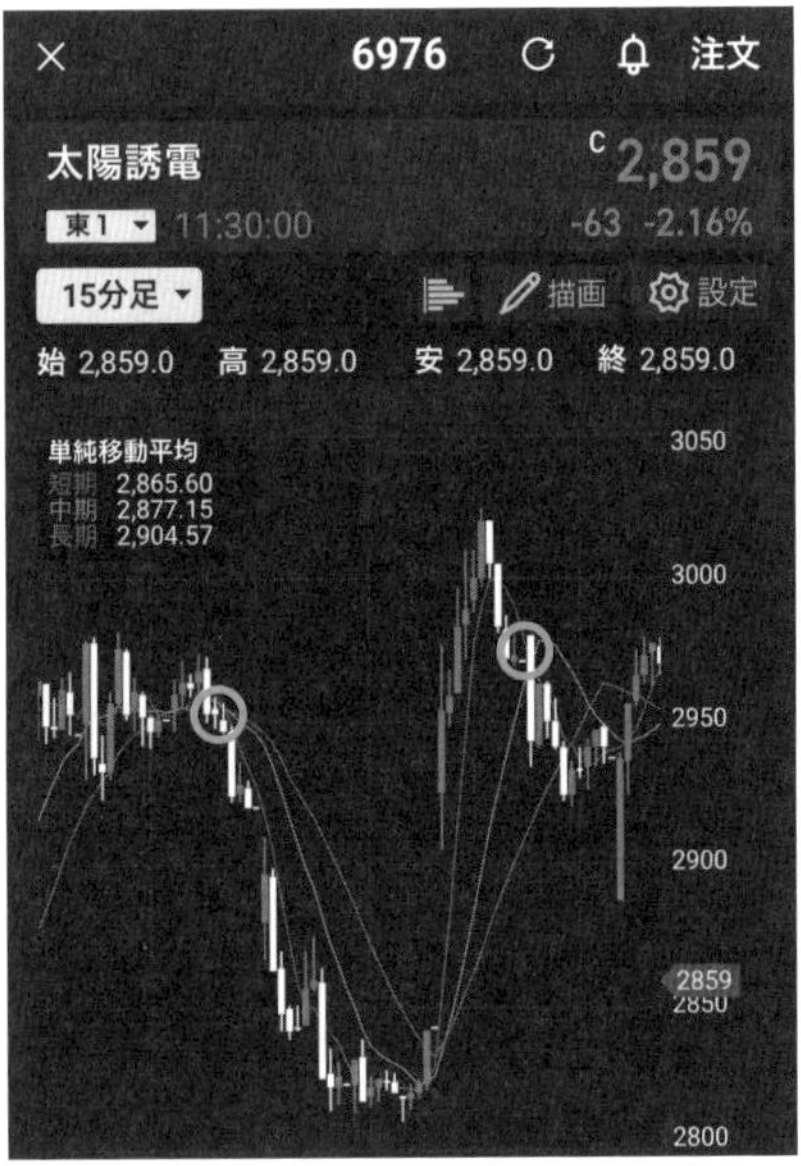

▶このチャートでは前半・後半で2度WSのエントリーポイントがある

○がエントリーのポイントとなりますが、その直前に2度（矢印で示している箇所です）短期線が中期線を下向きにクロスしており、ルール通りにエントリーして損切り（もしくはトントンでの撤退）を行っても仕方のない状況とも言えます。

そのため、こうした状況では5章の2で解説した内容と同じく、ある程度ダマシに引っ掛かることをあらかじめ想定したうえで、○で囲ったエントリーポイントのように、意識的に、その後の値動きで大きくトレンドを取りにいくトレードを考える必要があります。

2番目のエントリーポイントは、チャート後半の○で囲った箇所で、こちらは5章の1で解説したチャートと似た状況です。寄り付きでの急騰後、調整する値動きに合わせて短期線が中期線を下向きにクロスしており、エントリーするタイミングも非常に明解です。

5章の2もそうでしたが、**複数の銘柄・チャートで似ている状況が発生するということは、他の銘柄でも再現性があるということにもつながります。**WSで監視する銘柄のチャートを追って分析していくことはもちろん、時間軸を変えてみたり、トレード記録を付けるなどの工夫を行うことで、それぞれの銘柄の特性（クセ）や再現性のあるWSのパターンなどを発見することができるので、この本を読み終わったら、必ず自分で戦略を検証する作業を行って下さい。

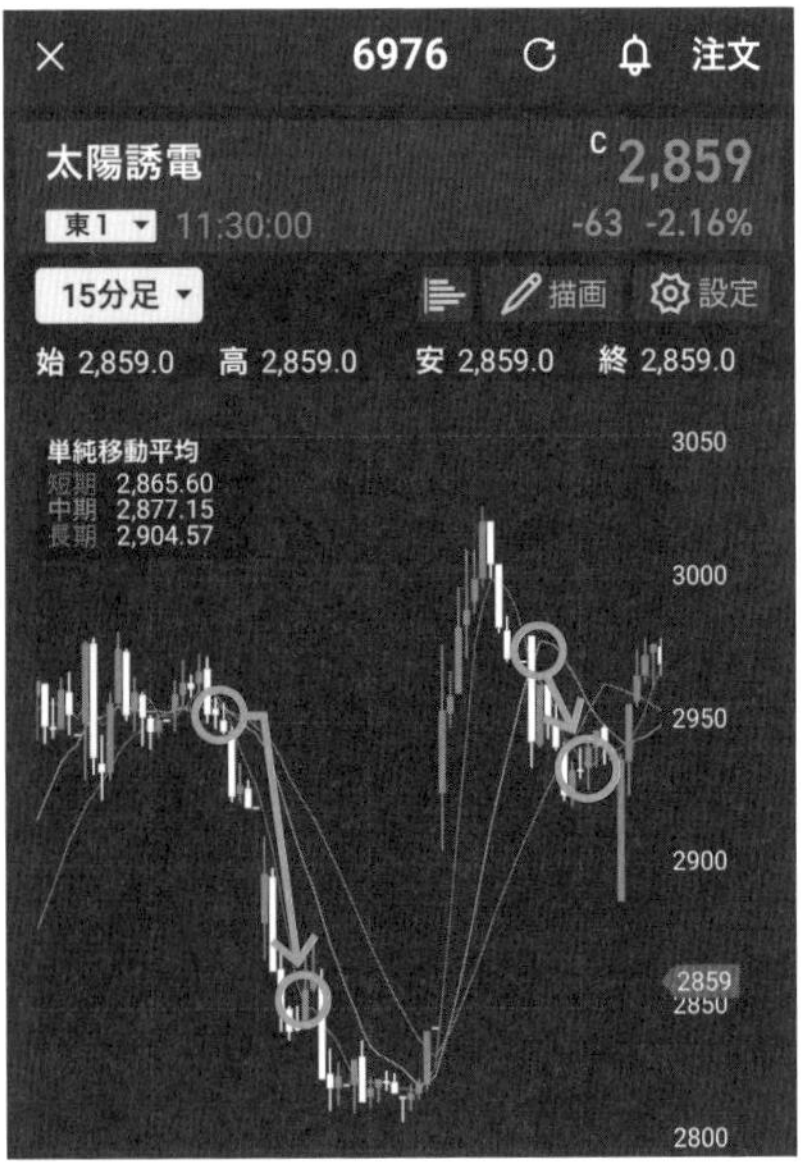

▶前半・後半どちらの利確ポイントも、ルール通り「短期線をローソク足の実体が抜けたら」を基準にする

利確は次のチャートに○で示した箇所です。前半のエントリーは２００円ほどの値幅で、直前にＷＳエントリーのダマシが出ていて値動きがレンジになっている分、その後の下落の動きが強くなっている点にも注目する必要があります。

後半のエントリーでは、約１００円ほどの値幅ですが、寄り付きからの調整と考えると十分ですし、短期線が長期線を下抜いたとはいえ、長期線がまだ角度のある上向きという点を踏まえて、早めの利確をすべきタイミングと言えます。

4
高沢式「ボリンジャーバンド活用」チャート解説①

さて、ここからはボリンジャーバンドを使ったエントリーと利確の練習です。まずはボリンジャーバンドで空売りを行う際のルールを振り返ってみると、**エントリーは「+2σをタッチ（もしくは上抜け）した後、上ヒゲをつけたローソク足を0として、そこから3本目のローソク足が陰線になればエントリー」**でした。

このルールを踏まえて次の画像を見てください。

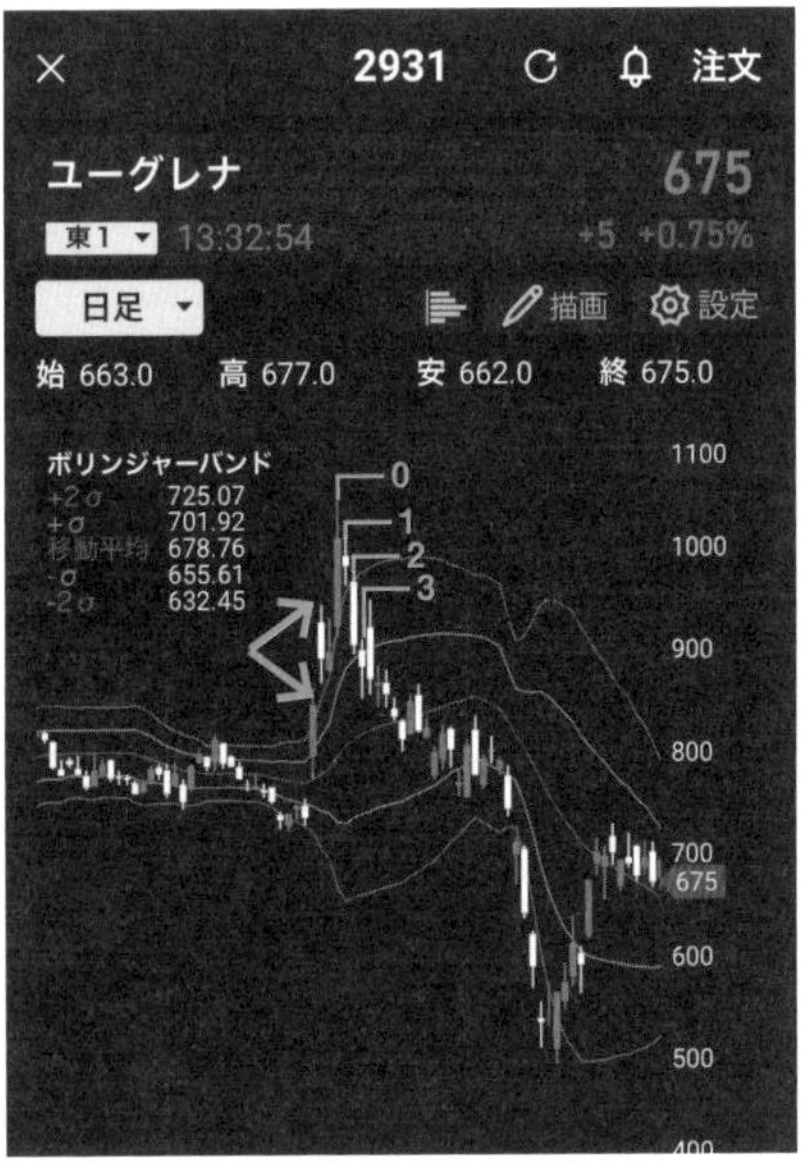

▶「+2σ上抜けからの反転」を意識するとこうしたチャートも空売りで取ることが可能になる

上のチャートはユーグレナ（２９３１）の日足で、２０２０年の２月に入って以降の急騰が特徴的です。この急騰で価格は８００円付近から１０５０円付近まで一気に上昇していて、直前がレンジでボリンジャーバンドの幅が狭くなっていたこともあり、１月最終日のローソク足の時点で+2σを上抜けていることも注目です。

このチャートでは急騰したあとの値動きも表示されているため、どこで反転したのかは一目瞭然ですが、実際にリアルタイムでチャートを追っている場合、「+2σを抜けて上ヒゲを付けたローソク足」だけで見ていくと、その後、1050円の高値を付けるまで、何度か上ヒゲのローソク足が出ているので、どこで反転が確定と判断すればよいのか迷いがちです。

そこで**「3本目のローソク足が陰線になればエントリー」**というもう一つの条件が効いてきます。

それを踏まえた上で改めてチャートを見ると、1月末からの急騰でつけた上ヒゲのあるローソク足のうち、その後、3本目のローソク足が陰線になったのは矢印で示したローソク足のみです。

このように、**あらかじめルールを設定した上で、ローソク足を丁寧に見ていくのが高沢式トレードなのです。**実際、矢印のポイントでエントリーしたポイントがちょうど1月末からの急騰が天井となり、大衆心理として売りが強くなることで、その後、強い下降トレンドが発生しています。

▶＋2σから‐2σまできれいに取り切れている

先ほどのポイントでエントリーできた場合、利確は矢印で示した箇所です。これも、前述した「−2σを実体で越えたら利確」というルールを忠実に守っているだけですし、場合によっては利確後、さらに価格が下方向に伸びていくこともありますが、このチャートのようにトレンドの天井から底までを綺麗に取り切ることもよくあります。

ここでは900円付近でエントリーしているので、約400円近くを取ったことになります。

5 高沢式「ボリンジャーバンド活用」チャート解説②

引き続き、ボリンジャーバンドを使ったエントリー例、その②です。先ほどは触れませんでしたが、ボリンジャーバンドでエントリーのタイミングを分析する場合、前述のルールとあわせて**「ボリンジャーバンドの向き」**も参考にすると、より精度が上がります。

次のチャートはダブル・スコープ（6619）の日足です。エントリーは○のポイ

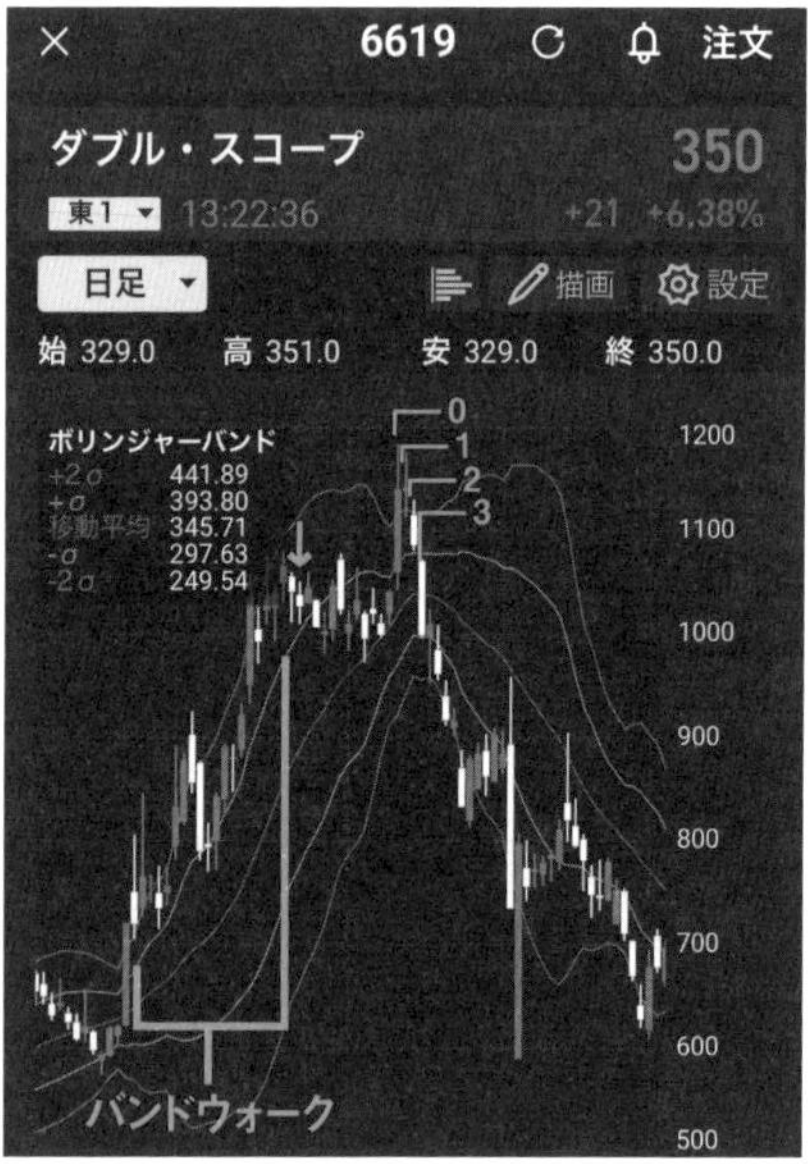

▶色がついている部分が「バンドウォーク」。

ントですが、前述のルールに照らし合わせてみると、前半部分でいくつか条件が整っている（もしくは条件が整う直前）箇所があります。**ただ、ここではエントリーはしません。その理由は「バンドウォーク」しているからです。**

これは買う側の目線から考えると分かりやすいのですが、前半部分の上昇は、先ほどのユーグレナの例と異なり、上下を繰り返しながら徐々に上昇トレンドを作り上げています。このようなチャートでは、一度、価格が+2σを上抜けても簡単には反発せず、むしろ心理的に少し下がったところで追加の買いが入りやすいのです。

こうした市場参加者の動向はチャートにも反映され、前半部分では価格がボリンジャーバンドの+1σを割らずに高値を更新していく、いわゆる「バンドウォーク」の状態になっています。

エントリーの条件が整っていたとしても、バンドウォークが終わるまでは「待ち」

つまり、**前半部分はボリンジャーバンドを見ても、とても強い上昇トレンドが表れていることを示していて、こうしたタイミングで空売りするのは、トレンドに逆らうトレードですし、できるだけ避けたいのです。**

したがって、エントリーの条件が整っていたとしても、バンドウォークが終わるまではトレードでは**「待ち」**という判断ができるので、少なくとも矢印のタイミングまではトレードは行いません。

その視点で見ると「矢印の箇所もエントリーなのでは？」という疑問が浮かぶかもしれませんし、その認識も間違ってはいませんが、長めの上昇トレンドが続いた場合、反転して下落するまでには、一度レンジを挟んで時間がかかることも多いですし、その意味で、チャートパターン等の別の根拠を追加して分析した方がよいでしょう。

実際、チャートを見ると**「ダブルトップ」**になっており、エントリーポイントとして示した箇所が、ちょうどダブルトップのネックラインを下抜けるタイミングと重なっていることからも根拠として考えることができますし、これがエントリーを考える際の前半部分との違いになります。

結局、ダブルトップが完成した後は下向きのトレンドが強まり、600円近くまで下落していますが、ルール通り行けば850円付近で利確することになります。一

▶荒れた状況でさらに利益を求めるのは「ギャンブル」。実現損益を淡々と増やすのが高沢式

見、その後の値幅がもったいないように見えますが、かなり荒れ気味なのでこうした状況では思わぬ損失（もしくは含み益の減り）が発生するので、まずは含み益を実現利益に確定させることを優先させた方がいいでしょう。

6 高沢式「ボリンジャーバンド活用」チャート解説③

+2σの「向き」もエントリーするかどうかの判断材料になる

先ほどは「バンドウォーク」に注目しましたが、**ボリンジャーバンドの向き**（特に+2σ）も「待ち」かどうかを決める重要な要素になります。

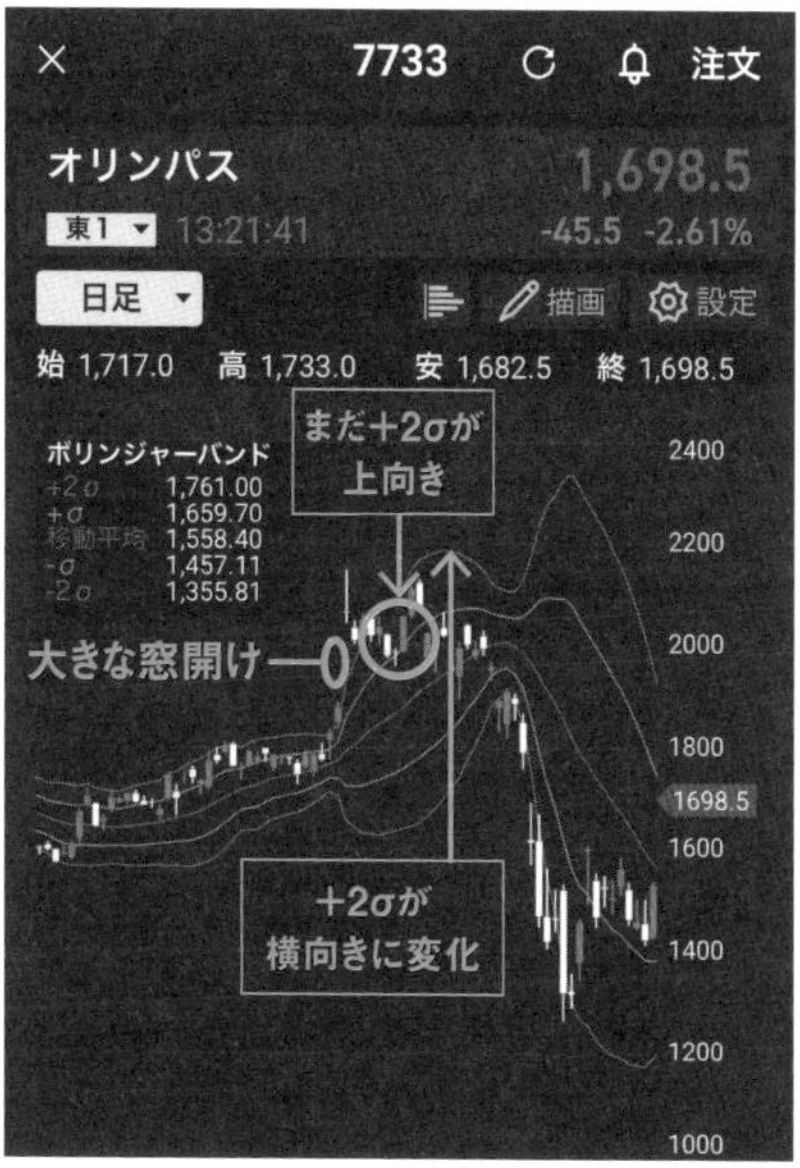

▶+2σの向きに注目すると、トレンドの勢いの強弱が見えてくる

上に表示した画像はオリンパス（7733）の日足チャートで、真ん中の長い十字線が特徴的です。こ**の十字線は1つ前のローソク足からかなり大きな窓を明けてできており、こうした状況は経験上、特に反発しやすいパターンです。**

つまり、窓を明けて上昇し、+2σから離れた場所にローソク足ができれば反発を狙った空売りのチャンスということですが、ここでもしっかりと「どこで反発するのか？」を見ていく必要があります。そのためには「向き」を確認していくわけですが、

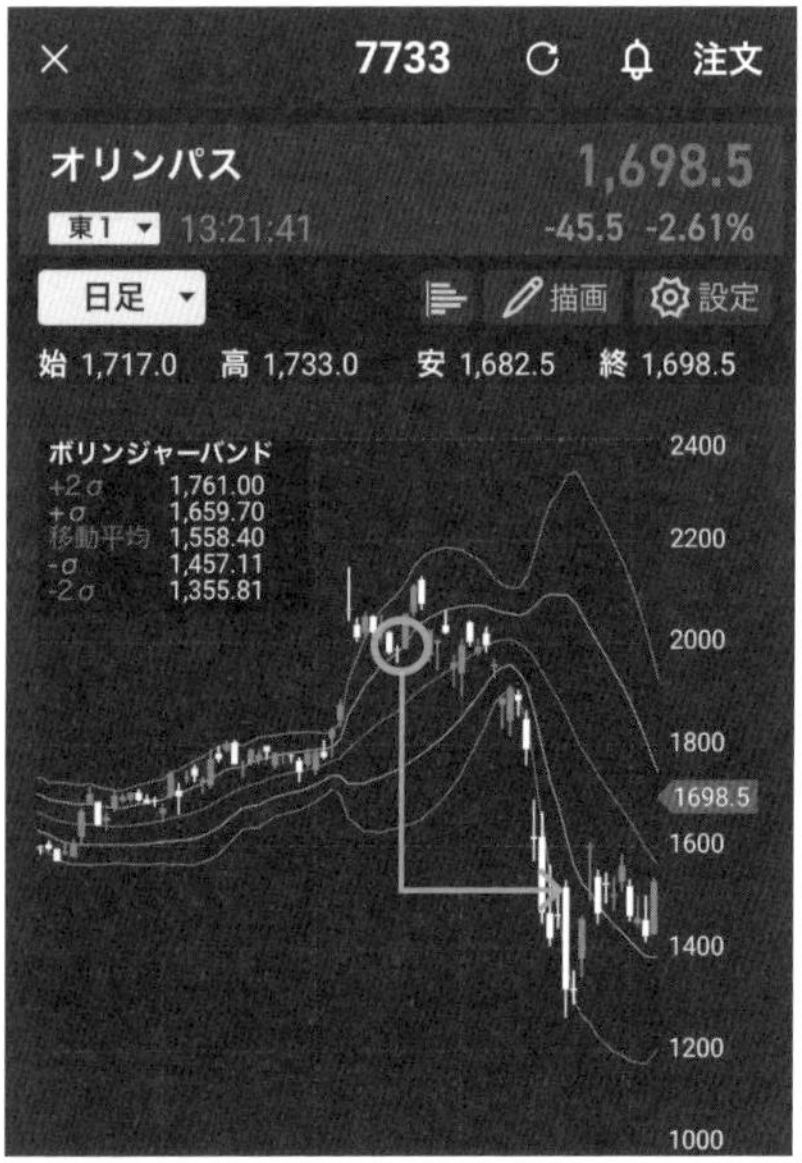

▶利確はルール通り、−2σをローソク足の実体が上抜けしたタイミングで行う

+2σの線に注目すると、長い十字線が出たあたりではまだ、+2σの角度が上方向に強く、値動き次第では先ほどのダブル・スコープの例のようにバンドウォークしていく可能性もあります。

ただ、その後の値動きを追って行くと、長い十字線から9本目のローソク足以降、+2σの角度が弱まっていっていることが分かります。この時点で上向きの勢いが弱まっていることが分かるので、実際にトレードする場合はここまで

「待ち」を判断しても良いかもしれません。

結局、+2σが横向きになった後に少し、持ち合いになり、その後下向きの値動きが加速したことで、1300円付近まで価格が下落しました。

ここでも利確は○で示した、1400～1500円付近のポイントで行うことになるので、約500円近くの値幅が取れています。

7 【上級編】RCIを使ったトレード解説

最後はWSとボリンジャーバンドとでそれぞれ一例ずつ、RCIを加えて分析していく例を見ていきます。

次の画像は先ほども紹介した太陽誘電の15分足で、WSで紹介した際は2つのエントリーを解説しましたが、ここでは後半のエントリーに注目してください。

WSでの分析は前述した通り、短期線が中期線を下向きにクロスしたタイミングになるので、○で囲んだ箇所ということは変わりないですが、**さらに下のRCIを見て**

みると、WSのエントリーポイントとなる箇所とちょうど同じタイミングで、RCIの長期線も綺麗に切り下げが起こっています。単純に2つのエントリーポイントが重なるというのはそれだけで、根拠をより強化してくれますし、そのために複数のテクニカル指標を見るのです。

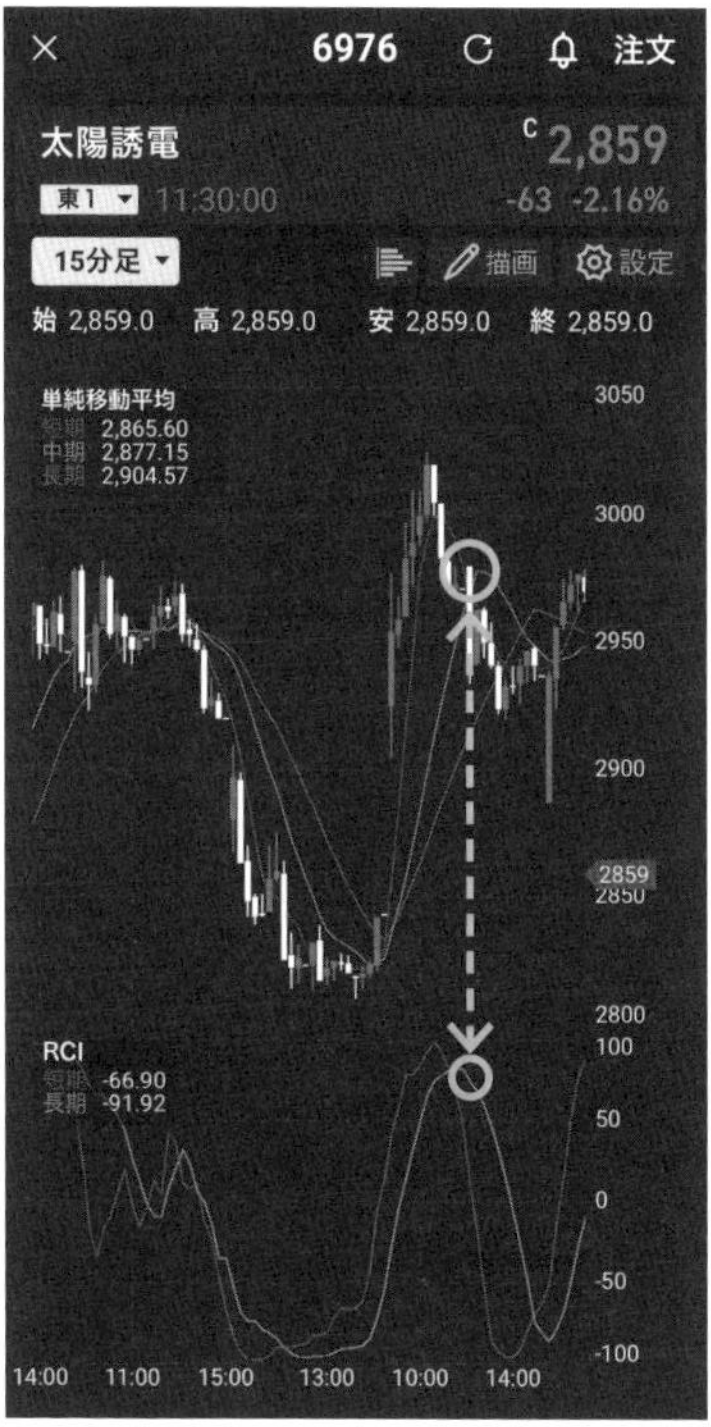

▲RCIは長期線の切り下げはもちろん、短期線と長期線のクロスにも注目する

また、ここではRCIの短期線と長期線が、WSのエントリーポイントの直前で綺麗にクロスしており、これを見てから長期線の切り下げを待つと、さらにエントリーの精度が上がります。

次のチャートはソフトバンクグループ（９９８４）の15分足にボリンジャーバンドとＲＣＩを表示させたものですが、ここでも○で囲ったボリンジャーバンドのエントリーポイントと、ＲＣＩの長期線切り下げのポイントが重なっており、根拠がさらに強化されています。

▲高沢式トレードではWS・BB・RCIが連動し、機能するように設計されている

このように**ＷＳ・ボリンジャーバンドをベースに「これから価格が下がる可能性が高いポイント」を探し、ＲＣＩでその可能性が本当に高いのかを再チェックするというのが、高沢式トレードの本質**

的なやり方なのです。

ただ、ｉＳＰＥＥＤで表示できるデフォルトのパラメーター設定では、ＷＳやボリンジャーバンドのエントリーとＲＣＩの切り下げが綺麗に重なることはほとんどありません。冒頭でお話ししたパラメーター設定に関しては、ＷＳ＋ＲＣＩ、ボリンジャーバンド＋ＲＣＩというように、複数のテクニカルを併用するという前提で考え抜いて設定されているものでもあるため、少しでも状況が変わると機能しなくなるのです。

そうした理由からも、是非、冒頭でご紹介したＬＩＮＥに登録していただいて、パラメーターの設定値を把握してもらいたいのです。また、慣れない手法やパラメーター使うので「いきなりトレードをするのが怖い！」という方向けに、ＬＩＮＥ登録のもう一つの特典として、高沢健太が開発をした、値幅トレーニングツールも使えるようになります。

▶LINEに登録後、トレーニング　とメッセージを送信してください。

この値幅トレーニングツールはお金をかけることなく、バーチャルな環境で、実戦を想定したトレードの練習ができるので、実資金を入れてトレードをする前に、まずは練習から行ってみて下さい。

また、値幅トレーニングツールで行ったトレードのデータは蓄積して管理でき、楽に検証もできるようになっているので、まさに新しい手法を試すのにぴったりの環境となっています。皆さんも是

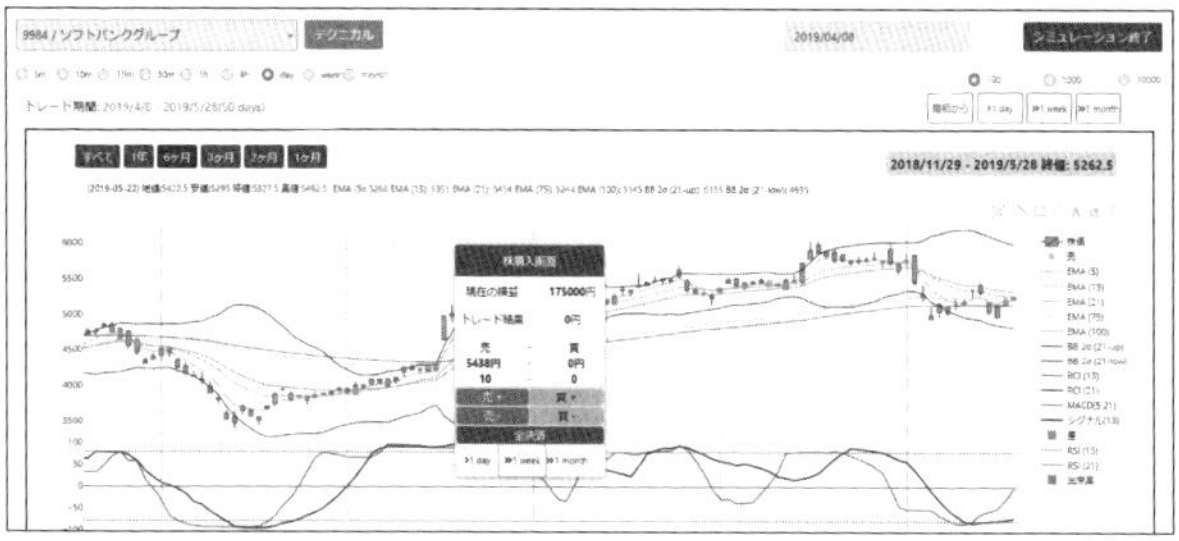

▲値幅トレーニングツールで表示できるチャート画面

No	会社コード	会社名	取引開始日	取引終了日	日数	利益	損失	損益合計	売買履歴	アクション
171	9984	ソフトバンクグループ	2019/04/08	2020/04/08	367	8105550	-200000	7905550	売買履歴	削除する
170	9984	ソフトバンクグループ	2019/04/08	2020/04/08	367	0	-1855600	-1855600	売買履歴	削除する
169	9984	ソフトバンクグループ	2019/04/08	2020/04/08	367	2676500	-560000	2116500	売買履歴	削除する

▲トレード履歴を使って検証することもできます

非、値幅トレーニングツールを使いこなして、実戦での利益につなげてください。

　LINEアカウントに「トレーニング」とメッセージを送ってもらえれば、こちらで紹介した値幅トレーニングツールを無料でプレゼントさせていただきます。

▲こちらのQRコードをお手持ちのスマートフォンで読み取ってください

おわりに

私は2016年から株式投資を始め、現在で約4年近くのキャリアとなりますが、振り返ってみると、2019年までの相場というのは、アベノミクスもあり「買うだけで儲かった相場」といっても過言ではありません。

米国市場は基本的に上り調子でしたし、日本市場においても多少の波はありましたが、それでも日経平均が24000円を超えるまで明確なトレンド転換の予兆はありませんでした。

ただ、コロナウイルスによる世界恐慌でも、着実に利益が出せるトレードができるスキルがなければ、即退場となってしまう乱高下状態となっています。

適応できなければ退場。そんな市況環境でも、私がこれまでクラブの講師という立場でお伝えしているノウハウは、上昇トレンド・下降トレンド関係なく機能しますし、世の中にあふれる情報に惑わされることもありません。

そのため、今後、相場が大きく変わる可能性があるならば、買いでも売りでも相場に入れるようにしておくことが、高沢式トレードにおいて非常に重要です。本書では「売りから入る」ための基本的な知識は一通り解説していますし、これをマスターすれば、下げ相場に対応する力という自負はあります。

本書では、空売りの手法については、初心者の人でもわかりやすいモノ「ＷＳ投資法」を中心にご紹介しておりますが、より「高精度な空売り手法」に関しては、動画で公開しております。

また、「まえがき」でも記載しましたが、正確にエントリーや利確のポイントを探すためには、高沢式「パラメーター設定」が重要になってきます。冒頭で紹介したＱＲコードからＬＩＮＥ登録し、そうしたパラメーターの設定値や動画講義を確認ください。

また、現在の経済状況など、皆さんの投資に役立つ情報を日々発信しているので、この機会に是非登録してみてください。

▲こちらのQRコードをお手持ちの
スマートフォンで読み取ってください

▲こちらから、動画講義やパラメーターの設定値が配信されます

監修／一般社団法人マネーアカデミー（お金の学校）
DTP&本文デザイン／佐藤修

1億《おく》円《えん》稼《かせ》ぐ空《から》売《う》りの極《ごく》意《い》

初版1刷発行●2020年9月20日

著者
高沢健太

発行者
小川真輔

発売
株式会社ベストセラーズ
〒171-0021 東京都豊島区西池袋5-26-19 陸王西池袋ビル4階
TEL 03-5926-6081（編集） 03-5926-5322（営業）

企画・発行
一般社団法人マネーアカデミー（お金の学校）
〒150-0043 東京都渋谷区道玄坂1-12-1 渋谷マークシティW22階

印刷所
錦明印刷

©Kenta Takazawa 2020,Printed in Japan

乱丁、落丁本はお手数ですが一般社団法人お金の学校までお送りください。

送料当社負担にてお取替えいたします。

本書の内容の一部または全部を無断で複製、掲載、転載することを禁じます。

ご利用にあたって

本書は株式投資の情報提供を目的として書かれたものです。投資の最終判断は、ご自身で行っていただきますよう、お願いいたします。

本書の掲載内容に関しては細心の注意を払っていますが、投資状況は様々です。本書掲出内容に従って投資を行い、損失を出した場合も著者及び発行元はその責任を負いかねます。

本書は特定の取引所、金融商品を勧めるものではありません。

本書は特に明記しない限り、2020年6月27日現在の情報に基づいています。

商品価格は日々変動しており、それに伴う情報にも変更がある場合があります。